Guido Schmezer – Ueli der Schreiber

Lob der Langsamkeit

Guido Schmezer
Ueli der Schreiber

Lob der Langsamkeit

Ein Leitfaden zur Lebenskunst

Verlag Paul Haupt Bern

Zeichnungen: Rolf Schmidt

CIP-Kurztitelaufnahme der Deutschen Bibliothek

Schmezer, Guido:
Lob der Langsamkeit : e. Leitf. zur Lebenskunst /
Guido Schmezer. – 3. Aufl. – Bern : Haupt, 1987.
Auf d. Haupttitels. auch: Ueli der Schreiber
ISBN 3-258-03840-6
Vw: Ueli ‹der Schreiber› [Pseud.] → Schmezer,
Guido

Druckerei Paul Haupt AG Bern

Einleitung

Es kommt nicht von ungefähr, daß der Keim zu diesem philosophischen Traktat in Bern gelegt wurde. Man sagt den Bewohnern der schweizerischen Hauptstadt ja nach, sie seien langsam, und was ein rechter Berner ist, gibt dieses schmunzelnd zu, denn Langsamkeit ist, wie im folgenden bewiesen werden wird, die höchste aller Tugenden.

Man muß nur die Stadt Bern, diese Perle unter allen Hauptstädten der Welt, betrachten, um zu erkennen, was Langsamkeit vermag. Langsam ist sie aus einer unbedeutenden Siedlung zur führenden Metropole herangewachsen, langsam hat sie ihr Hoheitsgebiet vergrößert, und sollte sie je untergehen, so würde sie das so langsam tun, daß man erst in zehntausend Jahren das erste Anzeichen des Zerfalls verspürte.

Wann genau die grundlegende Idee zu dieser Betrachtung erstmals in Worte gefaßt wurde, läßt sich heute nicht mehr feststellen. Bei Aushubarbeiten im ältesten Stadtkern Berns wurde im Jahre 1963 ein undatiertes Pergamentblatt gefunden, das folgenden lateinischen Text erkennen ließ:

LAUS LENTITUDINIS
LENTULI OPERUM LIBER PRIMUS
DEDICATUS INCOLIS HUIUS PENINSULAE
LENTITUDO VIRTUTUM OMNIUM
SUMMA EST

Die Übersetzung:

Lob der Langsamkeit
Erstes Buch der Werke des Lentulus,
den Einwohnern dieser Halbinsel gewidmet.
Die Langsamkeit ist von allen Tugenden
die höchste.

Hier bricht die Handschrift ab, und zwar nicht etwa, weil das Pergament nicht vollständig oder die Tinte verblaßt wäre, sondern nach dem übereinstimmenden Urteil verschiedener Fachleute ganz offensichtlich deshalb, weil Lentulus, der Schreiber, nicht fertig geworden ist. Er war zu langsam.
Über die Person dieses Lentulus weiß man so gut wie nichts. Er muß um 1200 gelebt haben und dürfte, da er die lateinische Sprache beherrschte und schreiben konnte, ein Mönch, vielleicht ein Einsiedler, gewesen sein, dem daran gelegen war, die Urberner zum rechten Leben zu erziehen. In den spärlichen schriftlichen Dokumenten aus jener Zeit wird sein Name nirgends erwähnt. Es ist indessen nicht ausgeschlossen, daß er dem Hofe des Stadtgründers von 1191, Berchtold V. von Zähringen, nahestand, ja vielleicht war sogar er es, der damals dem Herzog riet, die Stadt nicht nach dem schnellen Hirsch, sondern nach dem langsamen Bären zu benennen.
Wie dem auch sei, sein Werk blieb unvollendet, und das ist tief zu bedauern, denn der Anfang klingt vielversprechend. «Die Langsamkeit ist von allen Tugenden die höchste» – dürfen wir eine solche Weisheit brachliegen lassen? Ist es nicht gerade in unserer hasterfüllten, hektischen Zeit notwendig, daß dieses philosophische Samenkorn aufgehe und die daraus entsprießenden Erkenntnisse einem weiteren Kreis der Menschheit

zugänglich gemacht werden? Ich weiß, es ist ein schwieriges Unterfangen; doch ich fühle mich als Berner verpflichtet, das Erbe jenes weisen Vorfahren so gut wie möglich zum Nutzen aller zu verwalten. Daß ich mich dabei mehr auf die Gegebenheiten der Neuzeit als auf mittelalterliche Verhältnisse stütze, wird man mir sicher nicht verübeln; wichtig ist ja einzig, daß der Geist des Lentulus, jenes Evangelisten der Langsamkeit, meine Ausführungen erfülle.
Ich will es versuchen.

Der Mensch als Maßstab

Der ausgewachsene Normalmensch, der sich, wie die Natur das vorgesehen hat, auf seinen zwei Beinen fortbewegt, legt in der Sekunde 1¹/₃ Meter zurück. Sein Körper und seine Sinne sind für diese Geschwindigkeit eingerichtet. Bewegt er sich rascher, dann verliert er seine Natürlichkeit und mutet sich mehr zu, als für ihn gut ist. 1¹/₃ Sekundenmeter entsprechen ungefähr fünf Stundenkilometern, also einem Tempo, wie es etwa der Wanderer seiner Zeitberechnung zugrunde legt. Ich möchte es als obere Grenze betrachtet wissen; dem Freund der Langsamkeit ist es eher zu rasch, und bei der Infanterie unserer Armee, bei der man weiß, wie wichtig das kluge Haushalten mit den Kräften ist, rechnet man denn auch mit einer durchschnittlichen Marschgeschwindigkeit von nur vier Stundenkilometern. Meditierende Dichter bringen es in der Stunde auf höchstens drei Kilometer, Liebespaare auf zwei, Kinder auf dem Nachhauseweg von der Schule auf einen Kilometer; Beerenpflücker, Amateurphotographen, Fischer und Botaniker sind noch bedeutend langsamer. Doch wir wollen uns nicht mit solchen Sonderfällen befassen und als obere Grenze des natürlich schreitenden Menschen eine Geschwindigkeit von 1¹/₃ Sekundenmetern annehmen.
Nun gibt es aber Menschen, denen dies zu langsam ist. Es sind vor allem Sportler, von denen in

einem späteren Kapitel noch die Rede sein wird. Diese Menschen, von einem seltsamen Ehrgeiz beflügelt, befähigen ihren Körper durch eifriges Üben zu etwa sechsmal schnellerer Fortbewegung – aber ich frage mich ernsthaft, ob nicht ihre Seele darunter leide. Der Schnelläufer sieht die Blumen am Wege nicht mehr, und zu schönen Gedanken findet er sicher keine Zeit; keuchend fliegt er seinem Ziel entgegen, und gerade der Sieger in solchen Wettkämpfen, der am meisten gefeiert wird, bietet sich seinen Bewunderern atemlos, verschwitzt, ja torkelnd und in jeder Hinsicht unwürdig dar.
Es fällt überhaupt auf, daß der Mensch, sobald er die ihm von der Natur zugemessene Geschwindigkeit vergrößert, an Würde verliert. Man vergleiche

einen gelöst und aufrecht einherschreitenden König oder Bundesrat mit einem Teilnehmer an einer Geher-Meisterschaft, der in geradezu grotesker Hast, wie ein Mechanismus mit überzogener Antriebsfeder, über die Aschenbahn juckt – man wundert sich nicht mehr darüber, daß noch nie ein Geher-Meister König oder Bundesrat geworden ist.
Es bedarf aber nicht solcher Extremfälle, um deutlich zu machen, wie sehr der Mensch durch Hast herabgewürdigt wird. Wer ruhig, mit $1^{1}/_{3}$ Sekundenmetern, durch die Straßen geht und folglich Muße hat, seine Umwelt zu betrachten, wird immer wieder mit tiefem Bedauern jene menschlichen Zerrbilder beobachten müssen, die mit verkniffenen Gesichtszügen, läppisch schlenkernden Armen und unschön zappelnden Beinen aufs Tram rennen, als wäre es die Arche Noah fünf Minuten vor Anbruch der Sintflut. Gerade die Frauen, die ja nicht alle nach dem Vorbild der Venus von Milo geformt sind und überdies durch widernatürliches Schuhwerk gequält werden, bieten in dieser Hinsicht Schauspiele, von denen sich der empfindsame Betrachter erschauernd abwendet. Dabei ist diese unästhetische Eile in neunundneunzig von hundert Fällen durch nichts, aber auch gar nichts gerechtfertigt. Nur einmal im Tag nämlich ist das soeben abfahrende Tram das letzte, und wer fünf Minuten Wartezeit als verlorene Zeit empfindet, muß von einer erschreckenden inneren Leere sein. Für den Lebenskünstler jedenfalls ist Wartezeit gewonnene Zeit, ein Geschenk des Tages, das er dankbar entgegennimmt.
Unbefangene Beobachter, die aus anderen Städten – sagen wir Zürich oder Genf – nach Bern kommen, stellen immer wieder fest, daß es bei uns langsamer und daher gemütlicher zugeht als an-

derswo. Das ist sicher kein Zufall. Bern ist nun einmal die Stadt, die für den Menschen gebaut wurde, und wenn ich in diesem Zusammenhang Mensch sage, dann meine ich den natürlichen, unverfälschten Menschen, also den Fußgänger. Dies zeigt sich wohl am eindrucksvollsten in den Lauben (von Auswärtigen zuweilen auch Arkaden genannt), von denen wir rund fünf Kilometer besitzen. Hier bewegen sich die Menschen, von keiner Technik bedroht, noch im Urtempo des durchs Paradies schweifenden Adam. Hier schlendert man beschaulich von Schaufenster zu Schaufenster, macht, gegen jegliche Unbill der Witterung geschützt, in Ruhe seine Einkäufe und tritt, wenn man einen Bekannten trifft, mit ihm zum fröhlichen Schwatz seitwärts unter einen jener Laubenbogen, unter denen schon vor Jahrhunderten geschwatzt wurde. Zeitlos ist die Architektur der Berner Fußgängerstadt, und trotzdem ist diese hochmodern. Man spricht heute viel und rühmend über Fußgängerstraßen in anderen Städten. Die Berner Altstadt ist seit Menschengedenken ein fußgängerfreundliches Einkaufszentrum – ich möchte geradezu sagen: das älteste Einkaufszentrum der Welt, gegründet 1191.

Eilige sind in den Berner Lauben nicht gerne gesehen. Wer sich hier dem Bernertempo nicht fügen will, wer aus der Kolonne ausbricht, stößt überall an und wirkt anstößig. Man ist deshalb in jüngster Zeit angesichts der ständigen Zunahme der Bevölkerung dazu übergegangen, auch die Fahrbahnen gewisser Straßen der Innerstadt den Fußgängern zur Verfügung zu stellen, indem man dort nur noch den öffentlichen Verkehr zuläßt und zu beschränkten Zeiten den Zubringerdienst gestattet. Dies dürfte nur ein erster Schritt zur Rückeroberung der Berner Altstadt durch den Fußgän-

ger sein. Bern wird sich dadurch internationalen Ruhm erwerben und noch mehr als bisher zu einem Anziehungspunkt für Erholung suchende Fremde werden, denn zu solchen Maßnahmen braucht es mehr Mut als zum Abholzen eines Waldes für den Bau einer Autobahn, und der Tourist, der unsere prächtigen Brunnen und Häuserfassaden photographieren und filmen kann, ohne ständig um sein Leben bangen zu müssen, wird sich immer dankbar an das Fußgängerreservat im Aarebogen erinnern. Und er wird vielleicht nicht ohne Staunen feststellen, daß, wer zu Fuß geht, in der Berner Innerstadt schneller als der Automobilist an jeden beliebigen Ort gelangt: eine Erkenntnis, die nutzbringend anzuwenden leider noch lange nicht alle Bewohner der Bundesstadt verstehen.
Wir wollen die körperlichen Auswirkungen der normalen Fortbewegung nur kurz streifen, indem wir auf das Ausbleiben von Schweißbildung, die tiefe Atmung und den ruhigen Pulsschlag hinweisen, und uns den seelischen Begleiterscheinungen zuwenden, die ja eng mit den körperlichen zusammenhängen.

Wer ohne Hast dahinschreitet, ist auch innerlich gelöst und ruhig. «Mens sana in corpore lento» könnte man sagen, oder, um ein persisches Sprichwort anzuführen: «Eile ist ein Zeichen von schlechter Erziehung.» Hier stutzt man. Eile als Zeichen von schlechter Erziehung – kann das stimmen? Es lohnt sich, über diese Weisheit aus dem Lande Zarathustras eine Weile nachzudenken. Wer es tut, wird plötzlich erkennen: Tatsächlich, es stimmt! Wer wohlerzogen ist, und zwar nicht nur so, daß er im Lift den Hut abnimmt, auch allein im Urwald nicht rülpst oder Fische nie mit dem Mes-

ser ißt, sondern wer auch sonst immer im richtigen Augenblick das Richtige zu tun weiß und Wesentliches von Unwesentlichem zu unterscheiden vermag, der bedarf der Eile nicht. Ruhig geht er seinen Weg, ohne Hast erreicht er nach klug überlegtem Plan sein Ziel, sei dies nun der 7-Uhr-33-Zug oder der Posten eines Regimentskommandanten. Nur schlecht Erzogene drängen, nur schlecht Erzogene zeigen Ungeduld.
Umgekehrt kann man auch sagen, daß Langsamkeit den Menschen erziehe. Hier komme ich wieder auf die Berner Lauben zurück und auf die Tatsache, daß dort der Eilige anstößig wirkt. Das Sich-Einfügen in den gemächlichen Fußgängerstrom setzt eine innere Haltung voraus, die von Rücksichtnahme auf den Mitmenschen und Unabhängigkeit vom kleinlichen Sekundenzeiger geprägt ist. Wer Tag für Tag durch die Lauben geht, wird sich, auch wenn er sich anfänglich noch dagegen aufbäumt, mit der Zeit diese innere Haltung erwerben und so durch eine rein städtebauliche Maßnahme zu einem besseren Menschen erzogen.
Es ist ja bezeichnend, daß die Uhr am Käfigturm, also inmitten unserer charakterbildenden Altstadt, nur einen Stundenzeiger besitzt. Menschen, die das Leben meistern, sind nicht auf so lächerlich kleine Zeiteinheiten wie Minuten und Sekunden angewiesen. Sie haben Muße, sich unterwegs umzusehen, das Leben in allen seinen Einzelheiten in sich aufzunehmen und im langsamen Gehen darüber nachzudenken. Jeder Gang von der Heiliggeistkirche zum Zytglogge und weiter zum Bärengraben ist für sie eine neue, hundertfältige Lebenserfahrung und damit eine innere Bereicherung – für den Eiligen ist er ein schweißtreibendes, unfruchtbares Ärgernis.

Zusammenfassung: Der Langsame hat mehr vom Leben.

Sprachgeschichtliches

Wer vor dem Lesen dieses – übrigens kurzen – Kapitels zurückschreckt, weil er im Geiste schon Studierstubengeruch schnuppert, tut der Sprache unrecht. Die Sprache ist etwas Lebendiges, langsam Gewachsenes und sich immer wieder – aber langsam – Wandelndes. Latein wird zwar als tote Sprache bezeichnet, weil es heute nicht mehr Umgangssprache ist; es ist aber nicht gestorben, sondern hat sich – wiederum langsam – weiterentwickelt und lebt in vielen der heutigen Sprachen weiter. Tote Sprachen sind eher jene Kunstsprachen, von denen das Esperanto die bekannteste ist. Hier haben Sprachkonstrukteure versucht, eine völlig logische und schematische Sprache von einem Augenblick auf den andern aus dem Boden zu stampfen, und was dabei herausgekommen ist, verhält sich zu einer lebendigen Sprache etwa so wie eine Papierrose zu einer wirklichen, taufrischen Rose: ein eindrückliches Beispiel dafür, wohin es führt, wenn man der Natur entgegenwirkt und einen langsamen Vorgang beschleunigen will.

Bei solchen historischen Untersuchungen beginnt man in der Regel immer bei den Alten Römern. Ich möchte hier keine Ausnahme machen. Die Alten Römer also brauchten für die Bedeutung «langsam» den Ausdruck «lentus». Dieses Wort wurde aber in mehrfachem Sinn verwendet. Es konnte auch «zäh» bedeuten, und weiter «biegsam», «geschmeidig», «ruhig» und «unempfindlich». Lauter erfreuliche Eigenschaften also, denn bei «zäh» muß man nicht unbedingt an ein Entrecôte denken, sondern eher an Dauerhaftigkeit und Unverwüstlichkeit, und «unempfindlich» darf nicht mit «empfindungslos» verwechselt werden; es bedeutet vielmehr «nicht wehleidig». Wer sich mit dieser Deutung von «lentus» nicht einverstanden erklären kann, muß sich überzeugen lassen, wenn er das damit eng verwandte althochdeutsche Wort «lind» betrachtet: es heißt in unserer heutigen Sprache «lind», «mild» und «angenehm». Auch der sprachgeschichtlich nicht Interessierte wird zugeben müssen, daß solche Zusammenhänge nicht zufällig sein können.

Nun wird aber das im heutigen Deutschen verwendete Wort «langsam» nicht von «lentus» abgeleitet, sondern von «longus» = «lang». Das nackte «lang» wird fast nur noch im örtlichen Sinne, für die Bezeichnung von Strecken also, gebraucht, und nur das Adverb «lange» hat noch zeitliche Bedeutung. Der davon abgeleitete Ausdruck «langsam» aber, der im Mittelhochdeutschen «lancsam» lautete, bezieht sich auf die zeitliche Abwicklung, auf die Bewegung. Diese Bewegung kann äußerlich, aber auch innerlich sein. Wenn man, wie das in der schweizerischen Eidgenossenschaft üblich ist, von den Bernern sagt, sie seien langsam, dann versteht man diese Langsamkeit sowohl körperlich als auch geistig. Ein solches Urteil ist zwar nicht ausgesprochen böse, aber doch spöttisch gemeint; daß es im Grunde ein höchst schmeichelhaftes Kompliment darstellt, wird zu beweisen mir ein Vergnügen sein.

Die Langsamkeit in der Natur

Es wurde bereits festgestellt, daß die langsame Fortbewegungsart des Menschen natürlich ist. Nun wäre es aber fahrlässig, zu behaupten, alles Natürliche sei langsam. Natürlich nicht! Zu untersuchen ist aber die Frage, was in der Natur das Bessere sei, das Langsame oder das Schnelle. Ich will das Ergebnis vorwegnehmen: Alle raschen und plötzlichen Naturerscheinungen sind erschreckend und feindlich, alle langsamen ein Born der Freude und der Erquickung.

Sie glauben mir nicht? Dann hören Sie!

Warum gibt es kaum etwas Poetischeres als den sternübersäten Himmel, über den im Laufe der stillen Nachtstunden der gute alte Mond wandert? Doch wohl, weil das alles ganz langsam geschieht. Wie fürchterlich müßte dem nächtlichen Betrachter zumute sein, wenn die Gestirne plötzlich über den Himmel rasten! So muß man sich den Weltuntergang vorstellen, und daß ein Weltuntergang zum Unersprießlichsten gehört, was einem zustoßen kann, wird niemand ernstlich bestreiten. Es ist eben gerade diese ruhige, kaum spürbare Bewegung am Himmelszelt, die uns mit einem beglückenden Gefühl der Unendlichkeit erfüllt.

Es gäbe hier einen Einwand: die Sternschnuppen. Sie zeichnen sich durch rasche Bewegung aus, fallen ja einzig dadurch auf, und Verliebte glauben gerne, ihr Anblick bringe Glück und berech-

tige sie zum Aussprechen eines Wunsches, der dann in Erfüllung gehe. Dazu ist erstens zu bemerken, daß die Aussagen Verliebter mit Vorsicht aufzunehmen sind und noch nie statistisch festgehalten wurde, wieviele solche Sternschnuppenwünsche erfüllt worden sind – ganz abgesehen davon, daß dann erst noch abzuklären wäre, ob sie nicht auch ohne Schnuppe in Erfüllung gegangen wären. Zweitens aber muß ganz nüchtern festgestellt werden, daß solche Meteore gar nicht so ungefährlich sind. Nicht alle verglühen in der Erdatmosphäre, und wenn sie mit ungeheurer Geschwindigkeit (rund 150 000mal rascher als ein Fußgänger) als Meteorite auf die Erde aufschlagen, dann tut auch ihr wärmster Bewunderer gut daran, nicht gerade an jener Stelle zu stehen. Also Vorsicht mit Sternschnuppen! Sie sind tükkisch, und das hängt – wie könnte es anders sein! – mit ihrer Geschwindigkeit zusammen.
Sonnenaufgang und Sonnenuntergang sind angenehme Erscheinungen. In beiden Fällen ist die Bewegung langsam, wenigstens für uns irdische Betrachter. Daß sie in Wirklichkeit sehr rasch ist, merken wir zu unserem Glück dank der großen Entfernung nicht, und das ist ja die Hauptsache. Dank dieser großen Entfernung kann uns auch die unvorstellbare Hitze der Sonne nichts anhaben, die uns sonst erbarmungslos verbrennen, ja verdampfen würde. Hitze ist menschenfeindlich, und es wird den geneigten Leser nicht überraschen, daß auch sie ein Ausdruck hoher Geschwindigkeit ist. Oder haben Sie noch nie etwas von der kinetischen Wärmetheorie gehört? Sie lehrt, daß Wärme durch die Bewegung der Moleküle entsteht: je größer die Geschwindigkeit der Moleküle, desto höher die Temperatur eines Körpers.

Und wie ist das beim Ton? Der Ton entsteht durch Schwingung. Je größer die Anzahl der Schwingungen in der Sekunde ist, je rascher also geschwungen wird, desto höher klingt der Ton. Und nun seien Sie ehrlich: Was ist Ihrem Ohr bekömmlicher, was erfreut Ihr Gemüt mehr, das fast spürbare Vibrieren eines Kontrafagotts tief unter den Notenzeilen oder der schrille, durchdringende Pfiff eines Piccolos? Was ist Ihnen angenehmer, ein Baß oder ein Sopran? Denken Sie an die «Zauberflöte». Ist es wohl Zufall, daß der weise, gütige Sarastro von einem Baß dargestellt wird, während die böse Königin der Nacht ihren Rachegesang in Sopranlage ausstößt? Man muß hier auch an

die Warnsirenen von Polizei, Feuerwehr und Ambulanzwagen, an Schmerzens- und Schreckensschreie, an unnatürliches Gelächter und das Pfeifen von Geschoßkugeln denken: Alle diese unheildrohenden und abstoßenden Töne kommen aus dem oberen Schwingungsbereich, sind also gewissermaßen rasche Töne.
Seltsam ist in diesem Zusammenhang, daß die Männer von Natur aus eine tiefere Stimme besitzen als die Frauen. Wirklich seltsam.
Betrachten wir noch die Pflanzen- und Tierwelt. Bei den Pflanzen gibt es keine Hast. Bis aus einem Samenkorn eine Pflanze, aus einer Blüte eine Frucht geworden ist, vergehen viele Tage und Nächte. Wachsen ist eine langsame Bewegung. Gärtner versuchen zwar, sie durch künstliche Wärme und chemische Mittel zu beschleunigen, doch auch wenn ihnen das in einem gewissen Grad gelingt, so kann man hier kaum von Geschwindigkeit reden. Im übrigen ist das Ergebnis nicht immer begrüßenswert. Treibhauspflanzen sind empfindlicher als natürlich gewachsene; künstlich beschleunigte Erdbeeren schmecken fad im Vergleich mit langsam gereiften. Und vom Holz weiß man: je langsamer gewachsen, desto wertvoller.
In der Tierwelt lassen sich ähnliche Beobachtungen anstellen. Es ist nicht gut, wenn man die Eierproduktion beschleunigen will, indem man die armen Hennen zu Lege-Automaten herabwürdigt. Es ist ebenso verwerflich, wenn man Gänse und Schweine, damit sie rascher fett werden, auf engem Raum einsperrt und mit Gewalt füttert. Auch das Fettwerden ist – wie übrigens auch sein Gegenteil – ein Naturvorgang, der eine gewisse Zeit braucht, und wer hier der Natur ins Handwerk pfuschen will, wird vielleicht reicher, aber sicher

nicht glücklicher als jene andern, welche die Ehrfurcht vor allem Lebendigen noch nicht verloren haben.
Rasche Bewegungen von Tieren sind weniger schön als langsame, nicht zuletzt deshalb, weil sie fast immer ein Zeichen grausamer Jagd oder angstvoller Flucht sind. Der langsam kreisende Adler gefällt uns besser als der nervös flatternde Spatz. Der ruhig dahingleitende Schwan bietet einen majestätischen Anblick; sobald er sich beeilen will und mit plumpen Flügelschlägen über dem Wasser dahinklatscht, wirkt er lächerlich. Und wenn die Fliegen nicht so kopflos wild herumschießen würden, wären sie uns auch weniger lästig, denn dann ließen sie sich leichter erlegen.
Naturkatastrophen sind durch Raschheit gekennzeichnet. Ich denke an Stein- und Schneelawinen: Bevor man ihrer recht gewahr wird, ist man schon ihr Opfer. Rasch anschwellende Gewässer führen zu verheerenden Überschwemmungen, Erdbeben sind plötzlich da, und auch Gewitter tauchen immer innerhalb kürzester Zeit auf. Und wissen Sie, wie der verderbliche Hagel entsteht? Durch rasche – rasche! – Abkühlung der Wolken. A propos Hagel: Ein größeres Hagelkorn, das unser ungeschütztes Haupt trifft, verursacht eine schmerzhafte Empfindung. Warum? Weil die Geschwindigkeit eines fallenden Körpers proportional zur Fallzeit wächst. Also auch hier wieder eine unerfreuliche Auswirkung der Geschwindigkeit. Sie müssen sich nur einmal vorzustellen versuchen, wie viel angenehmer unser Dasein wäre, wenn dank einem langsameren Naturgesetz auch schwere Gegenstände wie Steine, Blumentöpfe, Bierflaschen und defekte Flugzeuge so sanft herniedersänken wie Flaumfedern und Löwenzahn-

samen. Die Fallgesetze, wie sie in der Natur bestehen, sind grausame Gesetze. Das haben wir schon in der Schule festgestellt, als wir sie lernen mußten.

Schließen wir dieses Kapitel mit dem Blitz ab. Der Blitz, eine außerordentlich rasche Naturerscheinung, mag uns als schaurig-schön beeindrucken; er bringt aber Verderben. Und der verderblichste aller Blitze, der Atomblitz,ist auch der rascheste: Eine Kernexplosion dauert eine Millionstelssekunde.

Eindrücklicher läßt sich der Fluch der Geschwindigkeit wohl kaum mehr vor Augen führen.

Lasterhafte Hast

Der Mensch — so könnte man meinen — hat als vernunftbegabtes Wesen aus der Beobachtung der Natur seine Lehren gezogen und meidet jegliche Hast. Oh wäre dem so! Es ist ihm aber nicht. Der Mensch, das höchste aller Säugetiere, zeigt sich auf diesem Gebiet von seiner schwächsten Seite. Hier, wo er seine innere Größe offenbaren könnte, versagt er. Daß eine Schnecke langsam ist, bedeutet keine Tugend: die Schnecke kann nicht anders, sie kennt die Versuchung der Geschwindigkeit nicht. Der Mensch aber weiß wohl, daß er an Leib und Seele Schaden nimmt, wenn er den lockenden Weg der Hast beschreitet; sein Fleisch, aus trägem Stoff geschaffen, wäre willig, aber sein Geist ist schwach und treibt ihn, wie weiland Fausten, ruhelos durchs Leben. Und wenn der Mensch einmal Gelegenheit hätte, zum flüchtigen Augenblick zu sagen: «Verweile doch, du bist so schön!», dann tut er es nicht, sondern fürchtet gleich den Teufel und eilt hastig weiter. In diesem Zusammenhang können wir Goethen, der, wie wir an anderer Stelle nachweisen werden, sonst ein rechter Mann war, einen leisen Vorwurf nicht ersparen.
Die Hast, ein Kind der Geschwindigkeit, ist ein verabscheuungswürdiges und lebensgefährliches Laster. Fragen Sie den Arzt, fragen Sie den Psychiater! Beide werden Ihnen bestätigen müssen,

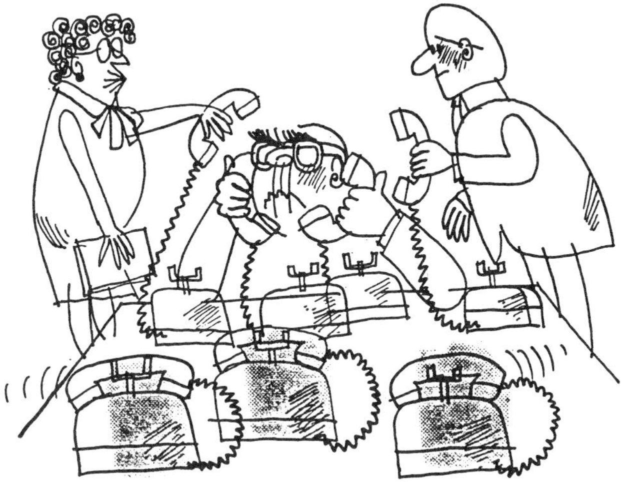

daß die meisten ihrer Patienten unter der Hast unserer Zeit leiden. Denken Sie jetzt aber nicht bloß an Herzinfarkt und Nervenzusammenbruch. Das auch, gewiß; aber das sind nur die Endstationen, denen auch Sie entgegensteuern, wenn Sie sich nicht endlich zur Langsamkeit bekehren lassen. Das ist ja das Tragische an dieser Zeitkrankheit der Hast (Hastitis): vor lauter Hast bemerkt man ihre Symptome nicht, bis es zu spät ist. Und es ist eher zu spät, als man ahnt.
Als typischen Vertreter des hastitischen Menschen stellt man heute mit Vorliebe den überbeschäftigten Manager in den Vordergrund, der, wenn er nicht gerade am Telephon oder an einer Konferenz ist, auf dem WC in seiner vollgekritzelten Agenda blättert. Man betrachtet dieses Wesen als Witzfigur und frohlockt in der Meinung, man sei selber nicht so — und merkt nicht, daß man — mit Ausnahme vielleicht von Einsiedlern, Presseattachés analphabetischer Kleinstaaten und Badeaufsehern — in seinem beschränkteren Kreise genau so hastverseucht und infarktgefährdet ist

wie jene Großen hinter ihren Mahagonischreibtischen.
Es beginnt bereits am frühen Morgen mit dem zu späten Aufstehen. Seien Sie ganz aufrichtig: Die Viertelstunde, die Sie dem Arbeitstag abtrotzen, indem Sie sich immer wieder in einen unbehaglichen Halbschlummer zurückflüchten, ist kein Genuß, denn im Grunde genommen haben Sie, falls Sie nicht gerade glücklicher Besitzer einer Clochard-Natur sind, ja doch ein schlechtes Gewissen. Diese lustlos gestohlene Viertelstunde aber fehlt Ihnen nun beim Frühstück, das Sie heiß und hastig einnehmen müssen. Es soll viele Leute geben, die aus Zeitknappheit überhaupt auf das Frühstück verzichten. Daß dies ein Schwerverbrechen am Körper ist, unterliegt keinem Zweifel. Es ist ja wirklich heller Wahnsinn: Die gleichen Leute, die, bevor sie eine Autofahrt antreten, Öl, Benzin, Kühlwasser und Batterieflüssigkeit nachfüllen, muten ihrem Körper eine stundenlange Leistung zu, ohne ihm vorher die notwendigen Kraftstoffe zuzuführen! Eine später am Arbeitsplatz eingenommene Zwischenverpflegung kann, da sie notgedrungen mit Hast verbunden ist, nie und nimmer ein in stillem Frieden und ohne Blick auf die Uhr eingenommenes Morgenessen ersetzen. Darüber wird im Kapitel «Langsame Genüsse» noch einiges zu sagen sein.
Der hastige Tagesbeginn drückt den folgenden zwölf Stunden seinen Stempel auf. Wer sein Nachtlager im Tempo eines alarmierten Feuerwehrmannes verlassen hat, wird auch nicht gelöst und unbeschwert zum Arbeitsplatz schreiten. Ebensowenig wird er, an diesem angekommen, vorerst einmal in aller Ruhe sein Tagespensum überdenken und die Arbeit vernünftig einteilen können. Wie ein Schlachtroß stürzt er sich auf das Nächst-

liegende, vielleicht völlig Nebensächliche, und in der Folge sorgen Telephon, Fernschreiber und Briefträger ohne sein Zutun dafür, daß er nicht mehr zur Besinnung kommt und vom Neuen überfahren wird, noch ehe das Alte erledigt ist. Er stöhnt dann über Zeitnot und merkt nicht, daß es nur falsche Zeiteinteilung ist, nur Unfähigkeit, durch bewußte Langsamkeit Herr der Lage zu bleiben.

Es ist mir schon öfter aufgefallen, daß gerade Menschen, die am meisten leisten, nie diesen gehetzten Eindruck machen. Sie sind bezeichnenderweise Frühaufsteher. Sie kennen das Geheimnis der weisen Zeiteinteilung, sie nehmen gemächlich nur das Wichtigste vor und lassen das Unwichtige beiseite, denn sie wissen, daß manches sich von selber erledigt, wenn man ihm nur genügend Zeit dazu läßt. Ihr Leitspruch lautet: Was heute dringend ist, wird auch in einer Woche noch dringend sein — oder vielleicht schon nicht mehr!

Hier glaube ich den verzweifelten Einwand zu vernehmen, die Hast werde einem durch die Umstände aufgezwungen, durch den Arbeitgeber, durch Verpflichtungen, durch Termine; man sei nur ein kleines Rädchen im großen Räderwerk und habe keinen Einfluß auf die Feder, die es zur Hast antreibt. Damit aber gibt man zu, daß man klein beigegeben hat, daß man sich von den Umständen tyrannisieren läßt. Man erlaube mir eine tückische Frage: Wäre es denn nicht denkbar, daß zum Beispiel die Unruhe einer Uhr, wenn sie, wie der Mensch, ein Eigenleben und Charakter besäße, ihre Schwingung von sich aus verlangsamte und damit die Feder und alle dazwischengeschalteten Zahnräder zwänge, ebenfalls langsamer zu arbeiten? Diese Frage kann als Anstiftung zur Insubordination, zum passiven Widerstand aufgefaßt werden, das ist mir klar. In Wirklichkeit aber ist es ein Aufruf zur Besinnung auf die unumstößliche Wahrheit, daß Hast und Qualität sich gegenseitig ausschließen.

Wie weit wir noch von der Nutzanwendung dieser segensreichen und einzig richtigen Erkenntnis entfernt sind, drücken wir unbewußt in unseren Redensarten aus. «Ich muß noch rasch . . .», «Ich sollte noch geschwind . . », «Ich mache noch schnell . . .» sind Wortfügungen, die in unserem Sprachschatz an vorderster Stelle stehen. Prüfen Sie sich einmal selber! Beobachten Sie sich einen Tag lang. Wie oft kommt Ihnen ein Ausdruck dieser Art über die Lippen? Nie? Dann sind Sie entweder ein Idealmensch oder aber — was ich für wahrscheinlicher halte — das arme Opfer einer grauenhaften Selbsttäuschung.

An dieser Stelle muß einmal mit aller Deutlichkeit gesagt werden, daß gerade wir Schweizer hastanfälliger sind als andere Völker. Das rührt wohl daher, daß wir keine Bodenschätze besitzen und darum — so habe ich es wenigstens in der Schule gelernt — unser Brot durch Fleiß verdienen müssen. Fleiß bedeutet zwar lediglich ununterbrochene Hingabe an eine Arbeit; für viele aber scheint das nicht zu genügen; sie wollen nicht nur ständig etwas leisten, sondern ständig viel leisten, und dadurch geraten sie in ein Arbeitstempo, das man nicht anders als Hast nennen kann. Es ist wohl nicht übertrieben, wenn man die Hast als unser Nationallaster bezeichnet. Selbst unsere frühere Nationalhymne drückte dies in ihrem Text aus. «*Hast* noch der Söhne ja, wie sie St. Jakob sah . . .» pflegten wir mit Inbrunst zu singen, und dies kann, wenn man die Verhältnisse kennt, nur so ausgelegt werden, daß die Hast der

Söhne ja schon bei unseren Altvordern zur Zeit der Schlacht bei St. Jakob (1444) vorhanden gewesen sein muß. In diesem Sinne ist zu hoffen, daß die Abschaffung der Hymne als erster Schritt zur Besserung gedeutet werden darf.
Daß die Hast ein Kennzeichen der Schweizer ist, bestätigen uns auch immer wieder fremde Besucher, besonders solche aus südlichen Ländern, in denen man das Leben bedeutend gemütlicher nimmt. Bei den Spaniern ist mir aufgefallen, daß sie kein Hehl aus ihrem Befremden über diese helvetische Untugend machen; noch jeder hat mir beim Abschied versichert: «Ich habe die Hast gesehen.» Auf spanisch heißt das: «Hasta la vista.» Aber auch die nördlicheren Engländer sind auf die Hast nicht gut zu sprechen. Sie bringen sie richtigerweise mit der Hölle in Verbindung: «Haste is from hell» (17. Jahrhundert), und drücken in einem noch älteren Sprichwort die Erkenntnis aus, daß Hast und Weisheit unvereinbare Dinge sind: «Haste and wisdom are things far odd.» Diese englische Abneigung gegen die Hast läßt sich geschichtlich erklären: im Jahre 1066 wurden die Angelsachsen bei *Hast*ings von den Normannen geschlagen.

Symptome

Die vorhin erwähnten gedankenlosen und darum tiefenpsychologisch so aufschlußreichen Redensarten sind nicht die einzigen Symptome unserer verderblichen Neigung zu Hast und Geschwindigkeit. Es gibt – gerade auf sprachlichem Gebiet – noch viele andere, und daß das nicht eine leere Behauptung ist, soll durch einige Beispiele bewiesen werden.

Da sind einmal die Abkürzungen, im folgenden kurz Abk. genannt. Sie dienen natürlich dem Zeitgewinn, also der Geschwindigkeit. Es gibt deren Tausende, vom KZVOFA (Kaninchenzüchterverein Oberes Freiamt) bis zur UNO (United Nations Organization). Diese Abk. zeichnen sich vor allem dadurch aus, daß man meist viel Zeit braucht, um herauszufinden, wofür sie stehen. SBB und PTT sind zwei der seltenen Ausnahmen, bei NATO weiß man zur Not noch, was dahintersteckt, wenn auch nicht mancher die genaue Bedeutung der einzelnen Buchstaben erklären könnte; aber weitaus der größte Teil dieser Geheimzeichen kann nur durch zeitraubende Erkundigungen oder vermittels eines besonderen Nachschlagewerkes entschlüsselt werden.

Wissen Sie zum Beispiel, was «r. s. v. p.» heißt? Es gehört zum guten Ton der High Society und ist französisch. Die deutsche Übersetzung lautet: «u. A. w. g.»

Dann, als weiteres Symptom, der Hack-Stil. Er wird von Leuten gepflegt, die es nicht wahrhaben wollen, daß ein wohlausgewogener Satz Zeit zum Reifen braucht. Es ist darum ein Kennzeichen unserer hasterfüllten Zeit, daß man sich vor langen Sätzen zu scheuen beginnt. So entsteht der Hack-Stil. Wir begegnen ihm hauptsächlich in Reklametexten, zuweilen aber auch in Prosaergüssen moderner Schriftsteller, deren Geist die Strecke zwischen Subjekt und Prädikat nicht mehr zu überspannen vermag. Ich kann das auch. Weil es nicht schwierig ist. Man muß nur hacken. Die Sätze zerhacken. Mit Punkten dazwischen. Und wiederholen. Bis zum Überdruß. Kurz sein. Und bündig. Ich kann das auch. Wie gesagt. Aber ich finde es blöd. Sehr blöd sogar. Irrsinnig blöd.
Dort aber, wo die Sätze noch einigermaßen vollständig geblieben sind, offenbart sich die Sucht nach Schnelligkeit im Auslassen von Kommas. Man hat obschon das nun wirklich falsch ist ganz einfach keine Zeit mehr Kommas zu setzen. Und das kommt heutzutage in den besten Zeitungen vor.
Wenn wir gerade bei den Zeitungen sind: Hier ist es unbestreitbar, daß die Geschwindigkeit immer wieder überbewertet wird. Manche Zeitung umwirbt ihre Käufer an allererster Stelle mit dem Argument, daß sie rasch informiere. Und viele Leute lassen sich davon beeindrucken. Wenn sie etwas nachdächten, würden sie merken, daß es eigentlich sehr wenige Nachrichten gibt, die man unbedingt sofort wissen muß. Alle andern können ruhig einen Tag oder zwei Tage warten. Nach dieser Zeitspanne sind sie dann ohnehin bereits überholt oder widerrufen oder aber immer noch wichtig und zugleich so gründlich geprüft und ergänzt, daß sich die Lektüre lohnt. Lieber zuverlässige

Meldungen als rasche! Aber versuchen Sie einmal, dies einem Verleger oder Redaktor weiszumachen! Er wird sich darauf berufen, daß er konkurrenzfähig bleiben muß gegenüber jenen andern Blättern, welche über manches Geschehnis schon berichten, noch ehe es stattgefunden hat. Darum verkauft er auch die sogenannte Morgenausgabe bereits am Vorabend – was natürlich eine Vortäuschung falscher Tatsachen ist – und beginnt jeden zweiten Artikel mit den Worten: «Wie wir bereits im gestrigen Abendblatt kurz meldeten . . .», um zu beweisen, daß seine Zeitung den Pulsschlag der Zeit wie ein Kardiogramm aufzeichne.

Einige Redaktoren treiben den Raschheitskult noch weiter und wollen ihren Lesern auch noch das langsame Lesen ersparen, indem sie das – nach ihrem Urteil – Wesentliche in fettgedruckten Schlagzeilen oder Bildern mit kurzer Legende anbieten. Während sie so ihre Leserschaft zu informieren wähnen, gewöhnen sie ihr in Wirklichkeit das Denken ab. Vielleicht tun sie das auch ganz bewußt, weil sie erkannt haben, daß sich ihre Zeitung desto besser verkaufen lässt, je kritikloser und dümmer die Leser sind.

Ein weiteres Symptom, das sich besonders beim Radio gut aufzeigen läßt, ist die Furcht vor der Pause. Sie kennen das ja sicher auch aus eigener Erfahrung: das peinliche Gefühl, wenn ein Gespräch plötzlich zum Stillstand kommt, weil im Augenblick gerade niemand etwas zu sagen weiß. Man nennt das einen toten Punkt und beeilt sich jeweils sofort, ihn zu überwinden, denn es muß einfach geredet werden, lieber etwas Dummes als gar nichts. Das Schweigen, Kennzeichen von Ruhe und Überlegung, ist unmodern geworden. Darum hat es sich beim Radio eingebürgert, daß Ansage und Musik sich Schlag auf Schlag ablösen, ja oft werden die Musikstücke sogar durch Überblendung zu einem akustischen Bandwurm zusammengeschmolzen, nur damit auf keinen Fall eine Pause entstehe. In manchen gesprochenen Sendungen treten sich die Partner gegenseitig auf die Endsilben, und wenn in einem Hörspiel ein Regisseur sich erkühnt, eine längere Sprechpause, wie sie im Leben ja hin und wieder auch vorkommt, anzuordnen, dann rütteln viele Hörer schon an ihrem Empfangsgerät und murren über die technische Störung.
Schließlich noch die Schnellkurse. Schnellkurse gibt es heute fast auf jedem Gebiet: «In drei

Wochen fließend Russisch», «Doppelte Buchhaltung in einem Monat», «Schnellfernkurs für Lochkartenspezialisten», «Fernschnellkurs in Elektronik» – man kennt das ja aus ungezählten Inseraten und unaufgefordert ins Haus gelieferten Prospekten, in denen Herr A.K. aus K. bei Z. in begeisterten Worten und mit notarieller Beglaubigung schildert, wie er dank einem Schnellkurs innerhalb von acht Wochen vom Magaziner zum Personalchef aufgestiegen sei. Es mag Kurse geben, in denen man in kurzer Zeit etwas lernen kann – vorausgesetzt, daß dieses Etwas nicht zu anspruchsvoll ist. Es mag sogar Firmen geben, in denen solch ein rascher Aufstieg möglich ist – vorausgesetzt, daß man vom Personalchef nicht viel mehr als vom Magaziner erwartet. In der Regel aber läßt sich das seit Urzeiten geltende Gesetz nicht umgehen, daß eine richtige Ausbildung Zeit braucht. Eine Sprache besteht zum Beispiel auch heute noch aus einigen Tausend Wörtern, die nach ganz bestimmten Regeln ausgesprochen, verändert, zusammengeordnet und betont werden; diese Wörter und diese Regeln zu lernen, erfordert viel Zeit, und die kann man auch mit den modernsten technischen Hilfsmitteln nicht dermaßen abkürzen, daß die Reklamebehauptung «In drei Monaten perfektes Französisch» auch nur annähernd stimmen könnte.
Wer dies erkannt hat, wird den Inseratenteil der Zeitungen und Zeitschriften mit ironischer Aufmerksamkeit und wachsendem Vergnügen lesen. Unglaublich, was da alles versprochen wird! Besonders amüsant sind die Anpreisungen im kosmetischen und pharmazeutischen Teil. «In acht Tagen schlank, wo Sie wollen», «Rheuma wie weggeblasen», «Sommersprossen verschwinden über Nacht» und dergleichen. Wenn auch nur die

Hälfte all dieser wunderbaren Schnellverfahren wirksam wäre, dann müßten alle Menschen überaus gebildet, glücklich und gesund sein. Die Wirklichkeit sieht aber anders aus, und das nur, weil sich die meisten Menschen nicht damit abfinden können, daß alles Gute langsam kommt.

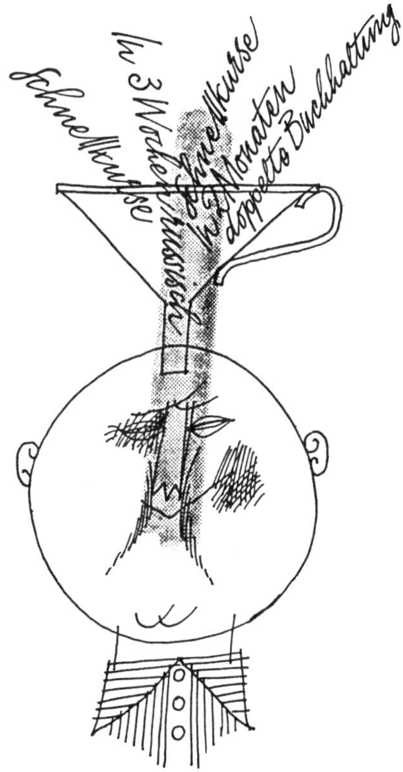

Langsame Genüsse

Ein rascher Genuß ist ein Widerspruch in sich selbst. «Genußreich» und «langsam» sind in vielen Fällen Synonyme. Das haben wir schon in einem früheren Kapitel gesehen, als wir vom Frühstück sprachen. Selbstverständlich gilt das Gesagte nicht nur für das Frühstück: Jede Mahlzeit soll langsam eingenommen werden. Dem harmonischen Menschen bedeutet eine Mahlzeit nicht nur ein Einnehmen von Eß- und Trinkwaren, nicht nur Verpflegung. Er ißt nicht, sondern er speist.

Der Unterschied zwischen Essen und Speisen liegt zum bedeutenden Teil im Zeitaufwand. Der gehetzte Fünftagewöchner mit englischer Arbeitszeit wird über Mittag nie speisen können; er ist zum Essen verdammt. Das bedeutet, daß er mechanisch vertilgt, was ihm in kurzen Zeitabständen vorgesetzt wird; falls er sich noch einen schwarzen Kaffee leistet, wird er sich daran die Zunge verbrennen. Von Genuß keine Rede. Grund: Falsche Zeiteinteilung, behördlich bewilligt.

Der Speisende liest erst einmal, ohne sich vom Personal drängen zu lassen, die Speisekarte. Er lernt dabei französisch und erlebt gleichzeitig einen appetitanregenden Vorgenuß, denn seine Phantasie hat Zeit, sich die aufgeführten Speisen leibhaftig vorzustellen. Dann trifft er bedächtig seine Wahl, lehnt sich zurück und wartet. Dieses

Warten ist durchaus natürlich, denn der Kenner weiß, daß nicht nur hastiges Essen unbekömmlich, sondern auch rasches Kochen ein grundlegender Fehler ist. Eine gute Mahlzeit kann nicht in Minutenschnelle herbeigezaubert werden. Es soll mir keiner weismachen wollen, daß eine mit heißem Wasser angerührte Blitzsuppe besser schmecke als eine Minestra, die eine Stunde lang gemütlich gebrodelt hat, oder daß ein Pulverkaffee aromatischer sei als ein Bohnenkaffee, der erst nach geruhsamem Rösten, Mahlen und Brauen auf den Tisch kommt. Kochen ist eine Kunst, und ein Kunstwerk muß langsam reifen. Darauf werden wir noch zurückkommen.

Der Speisende, der dies weiß, wird also ohne Ungeduld warten, bis die Speisen aufgetragen sind, und diese dann langsam und genießerisch einnehmen. Falls er dazu Rotwein trinkt, wird er verständnisvoll nickend daran denken, daß auch dieser im Verlaufe von Jahren langsam gereift ist. Und später wird er auch dankbar davon Kenntnis nehmen, daß die aufgenommene Nahrung im Darm langsam abgebaut und verwertet wird, denn auch hier wäre Geschwindigkeit vom Übel. Man nennt das Durchfall.
Menschen, die so zu speisen wissen, sind immer gemütlich. Meist sind sie auch eher beleibt. Ist dies ein Nachteil? Es läßt sich nicht übersehen, daß Beleibtheit und Beliebtheit in einem engen Zusammenhang stehen, und dies, weil Beleibtheit die Bewegungen verlangsamt und Langsamkeit eben eine erstrebenswerte Tugend ist. Magere Menschen mögen bei dieser Bemerkung den Mut nicht verlieren; auch sie können langsam werden, nur bedarf es bei ihnen einer größeren Selbstbeherrschung.

Zu den verbreitetsten Genußmitteln gehört auch der Tabak. Über seine Verwendung gehen die Meinungen auseinander. Die Menschheit ist zersplittert in Raucher und Nichtraucher. Die fanatischen Vertreter der letztgenannten Partei betrachten das Rauchen als Laster, wenn nicht gar als Sünde. Außerdem schade es der Gesundheit, sagen sie. In all diesen Anklagen mag eine Prise Wahrheit stecken. Andererseits können sich die Raucher mit dem kaum zu widerlegenden Argument zur Wehr setzen, daß alle Menschen unvollkommen und demnach mit mindestens einem Laster behaftet seien, daß aber der Tabakgenuß von allen in Frage kommenden Lastern doch wohl das harmloseste sei. Und man muß sich tatsächlich fragen, wo denn eigentlich bei den Nichtrauchern der Wurm nage.

Doch schweifen wir nicht ins Moralische ab. Uns geht es darum, das Rauchen als langsamen Genuß zu untersuchen. Hier gibt uns die Statistik Aufschlüsse, die zum Aufsehen mahnen: Die meisten Raucher bevorzugen die Zigarette, dieses kleine, zylindrische, mit Tabak gestopfte Papierding, das nach wenigen, den Rauch bis in die Lunge befördernden Zügen schon abgebrannt ist. Wir müssen die Zigarette zu den raschen und also bei weitem nicht vollkommenen Genüssen rechnen, und daß so viele sich damit zufriedengeben, zeugt leider sehr deutlich davon, wie weit wir noch vom langsamen Leben entfernt sind.

Daran mag auch wiederum die Reklame nicht ganz unschuldig sein, die keine Kosten scheut, die Zigarette als Statussymbol, als Requisit des mondänen und erfolgreichen Menschen anzupreisen.
Eine Stufe höher steht der Stumpen. Er ist in unserem Lande das Kennzeichen des währschaften, senkrechten Bürgers. Einen Stumpen kann man nicht, wie eine Zigarette, nur so husch-husch abbrennen lassen; der Stumpengenuß erfordert Zeit. Nur schade, daß Stumpen oft so penetrant riechen.
Von den Zigarren ist ähnliches zu melden. Sie sind aristokratischer, weil teurer, und riechen zuweilen auch besser. Verwaltungsräte, Generaldirektoren, hohe Politiker und alle, die solche Posten erstreben, halten sich an Zigarren. Diese Dinger sind aber – und darin unterscheiden sie sich von Zigaretten und Stumpen – recht unhandlich und fast nicht freihändig zu rauchen. Es bedarf schon einer karpfenähnlichen, sehr kräftig ausgebildeten Lippenmuskulatur, damit man sie ohne Hilfe einer Hand und daher ohne Beeinträchtigung der Bewegungsfreiheit im Munde behalten kann. Das schmälert den Genuß beträchtlich.
Die meisten Raucher bleiben auf den Genuß-Stufen der bisher genannten Rauchwaren stehen. Nur wenige Auserwählte bringen es bis zum Pfeifenrauchen. Pfeifenrauchen bietet den höchsten Genuß, weil es die langsamste Rauchart ist.
Wir reden hier nicht von den ordinären Pfeifenrauchern, die ihre Pfeife lediglich als Behältnis zum bequemen Abbrennen von minderwertigem Tabak betrachten. Nein, wir meinen jene Meister des Tabakgenusses, die sich, wie der Speisende, genügend Zeit nehmen, den Genuß nach allen Regeln der Kunst zu gestalten. Sie verwenden einen

bedeutenden Teil ihrer Freizeit für die Pflege ihrer Pfeifen, von denen jede auch einen größeren materiellen Wert darstellt. Sie wählen den zu rauchenden Tabak sorgfältig aus, und das Stopfen der Pfeife ist für sie keine gewöhnliche Verrichtung, sondern ein Ritus. Es ist nicht meine Sache, hier Einzelheiten zu berichten; ich verweise auf die umfangreiche Literatur, die zu diesem Thema bereits vorhanden ist. Mir geht es einzig darum, aufzuzeigen, wie wichtig, ja entscheidend beim Pfeifenrauchen der Zeitfaktor ist. Darum werden auf diesem Gebiet sogar Wettkämpfe durchgeführt, bei denen derjenige Sieger wird, dessen Pfeife am längsten brennt. Etwas höchst Seltenes also: ein Wetteifern darum, wer der Langsamste sei!

Die Tabakpfeife ist das Mini-Cheminée des ausgeglichenen Menschen. Wer in langsamen, behutsamen Zügen an seiner Pfeife saugt, gleichsam durch sie atmet, ohne daß indessen die schädlichen Substanzen des aromatischen Rauches seine Lunge gefährden, kann durch nichts erschüttert werden. Die bläulichen Wölklein entrücken ihn dem Alltag, setzen ihn über die Dinge. Ich mache darauf aufmerksam, daß England, als es noch fast ausschließlich ein Land der Pfeifenraucher war, zur Weltmacht aufgestiegen ist; heute, da das Zigarettenrauchen auch unter den Briten grassiert, steht es bedeutend weniger stark da. Churchill, weltberühmter Zigarrenraucher, vermochte seinen Untergang zwar zu verhindern; hätte er aber Pfeife geraucht, dann wäre es vielleicht nie zu jenem Kompromiss in Jalta gekommen, wo Stalin als einziger ein Pfeifchen schmauchte...

Es gäbe hier noch weitere eindrückliche Beispiele zu nennen – etwa Sherlock Holmes oder General MacArthur, beide Pfeifenraucher –, doch begnü-

gen wir uns mit der Feststellung, daß die Pfeife kein propagandistisch eingeführtes Statussymbol, sondern tatsächlich ein Kennzeichen des Lebenskünstlers ist und daß dies unzweifelhaft damit zusammenhängt, daß Pfeifenrauchen ein langsamer Genuß ist.
Zwar sind Speisen und Rauchen irdische Genüsse, doch berühren sie – das Rauchen etwas mehr als das Speisen – auch geistige Bereiche. Ein dritter Genuß, der nun ganz auf geistigem Gebiet liegt, ist das Lesen, und zwar nicht das Zeitunglesen, sondern das Lesen von Büchern. Er erfreut sich trotz starker Verbreitung von Radio und Fernsehen einer großen Beliebtheit, und das ist eine erfreuliche Tatsache, denn ein ansehnlicher Teil der heute gelesenen Bücher darf als wertvoll bezeichnet werden.

Es fehlt allerdings auch nicht an Bemühungen, das Lesen abzuwerten, und wen wundert's, wenn diese Bemühungen in der Richtung des schnelleren Lesens gehen? Ich habe schon von Kursen gehört, deren Ziel darin besteht, den Schüler zum ausgesprochenen Schnellesen abzurichten. Er soll dann in der gleichen Zeit, in der er früher ein einziges Buch las, zwei Bücher konsumieren können. Ich zweifle nicht daran, daß dies möglich ist. Rezensenten und andere Vielleser haben sich diese Diagonal-Methode schon längst angeeignet. Ich zweifle aber daran, daß Geist und Gemüt bei einer solchen Lesegeschwindigkeit noch aufnehmen und verarbeiten können, was ihnen das Auge des Amoklesers liefert, denn auch der unsichtbare Teil des Menschen hat eine natürliche Leistungsgrenze, die den $1^1/_3$ Sekundenmetern des Fußgängers entspricht.
Ein zweites Zeichen mangelnden Verständnisses gegenüber dem wahren Lesegenuß ist das Aufkommen der Bildergeschichten. Ihre Autoren glauben der Leserschaft, die in diesem Zusammenhang eher als Guckerschaft bezeichnet werden sollte, einen Dienst zu erweisen, indem sie ihr Geschichten bieten, bei denen das Lesen auf ein Mindestmaß beschränkt wird. Sie reihen filmstreifenartig Bild an Bild, und nur, was nicht mit dem Zeichenstift ausgedrückt werden kann, wird dazugeschrieben. Die Worte, die von den dargestellten Personen geäußert werden, schreiben sie unmittelbar vor den entsprechenden Mund und ziehen eine Linie darum; dadurch entstehen wolkenartige, gegen den Mund zugespitzte Gebilde, die man etwa auch Sprechblasen nennt.
Solche Bilderfolgen sind, wenn von einem Könner gezeichnet, als Abwechslung recht unterhaltend. Wenn sie aber die einzige geistige Nahrung eines

Menschen darstellen, dann dienen sie der Volksverdummung. Leider werden sie von ihren Herstellern vor allem den Kindern in reichem Maß angeboten, und es besteht eine nicht geringe Gefahr, daß künftige Generationen sich dermaßen an die meist einfältigen Guckhefte gewöhnt haben werden, daß sie die Lektüre von Büchern, in denen das Schaffen von Bildern der Vorstellungskraft des Lesers überlassen wird, als altmodisch und zeitraubend ablehnen.
Lesen ist ein Genuß, der nicht nur Zeit erfordert, sondern einen die Zeit auch vergessen läßt. Mit Lesen zugebrachte Zeit ist gewonnene Zeit. Man sollte das dankbare Staunen darüber nie verlernen, daß dem Menschen die Fähigkeit geschenkt ist, Gedanken und Gefühle schriftlich festzuhalten und an andere weiterzugeben. Es ist dies eines unserer wichtigsten Unterscheidungsmerkmale gegenüber den Affen und allem anderen Getier. Ohne geschriebene Sprache wäre das kulturelle Leben, wie wir es gewohnt sind, undenkbar. Halten wir uns das immer vor Augen, wenn wir zu einem Buch greifen!
Schon nur die äußeren Begleitumstände des Lesens weisen darauf hin, daß es sich hier um eine wohltuende Beschäftigung handelt. Man liest nicht stehend. Man liest entweder in bequemer Sitzlage oder sogar liegend. Man schaltet alle störenden Geräusche der Umwelt aus, man löst sich von der Wirklichkeit los, man versetzt sich in eine andere Welt: die Welt des Buches, das man vor sich hat. Diese geistige Entrückung aus dem Alltag hat die gleiche Wirkung wie ein Ferienaufenthalt in einer neuen, unbekannten Umgebung, und je nach dem Inhalt des Buches kommt dazu oft noch eine innere Bereicherung, wie sie bloß physische Ferien nie zu bieten vermöchten.

Kurz und gut: Ich halte das Lesen für einen der höchsten Genüsse, und daß dieser Genuß frei von jeder Hast sein muß, liegt auf der Hand. Schon Plato sagte: «Langsames Lesen läutert die Seele.» Möglicherweise war es nicht Plato, sondern irgend ein anderer Philosoph. Vielleicht bilde ich mir dieses Zitat auch nur ein. Auf jeden Fall aber stimmt es.

Die Langsamkeit in der Kunst

Goethes «Faust» gilt immer noch als eines der größten Meisterwerke der Dichtkunst. Es ist langsam entstanden. Der Dichter hat über ein halbes Jahrhundert lang an diesem Thema gearbeitet. Wer Einblick in die Arbeitsweise von Dichtern und Schriftstellern hat, der weiß, daß dies kein Einzelfall ist. Meisterwerke reifen langsam. Sie werden während unübersehbar vieler Stunden entworfen und immer wieder – oft nach längeren Unterbrüchen – überarbeitet, bis sie die Form erreicht haben, die dann vielleicht eines Tages im Druck erscheint. Der Leser merkt wenig von diesen langdauernden Geburtswehen und soll es auch nicht, denn bei einem Kunstwerk gilt nur das Ergebnis, und niemand braucht zu fragen, wie es zustandegekommen ist.

Nun gibt es aber auch Dichtungen, die kurzfristig – scheinbar kurzfristig – entstanden sind, vor allem lyrische Dichtungen als unmittelbare Folgeerscheinungen eines sogenannten Musenkusses. Ein berühmtes Beispiel für diese Gattung finden wir wiederum bei Goethe: «Wandrers Nachtlied». Sie kennen es bestimmt: «Über allen Gipfeln ist Ruh . . .» Es entstand am Abend des 6. Septembers 1780 auf dem Gickelhahn, einer Erhebung im Thüringer Wald.

«Ein genialer Wurf, in allerkürzester Zeit entstanden!» werden nun die Befürworter der Geschwindigkeit triumphierend ausrufen. Oho, muß ich erwidern, das ist eine Täuschung! Goethe schrieb dieses Gedicht, kaum auf dem Gickelhahn angekommen, nicht einfach so hin, wie man Hüttenbuchverse schreibt, deren literarischer Wert dann auch dem Zeitaufwand zu entsprechen pflegt – nein, so wie ich den Dichterfürsten kenne, nahm er all die Eindrücke jenes Ausflugs, die er dann im Vers verdichtete, langsam in sich auf, sann darüber nach und machte sich schließlich bedächtig an die Arbeit. Wir haben Beweise dafür. Er schrieb nämlich am gleichen Tage, noch vor der Niederschrift des Gedichtes, an Charlotte von Stein: «Wenn nur meine Gedanken zusamt von heute aufgeschrieben wären!», ein deutliches Zeichen dafür, daß sich in seiner Dichterseele etwas zusammenbraute. Im gleichen Brief lesen wir dann noch: «Es ist ganz reiner Himmel, und ich gehe, des Sonnenuntergangs mich zu freuen.»

Ein Mensch, der geht, sich des Sonnenuntergangs zu freuen, ist nicht in Eile. Ich sehe Goethe vor mir, wie er auf dem Gickelhahn steht und das langsame Stillwerden der Welt erlebt. Nun greift er zum Schreibzeug und beginnt: «Über allen Gipfeln ist Ruh...» Es ist mit Sicherheit anzunehmen, daß er mindestens eine Stunde gebraucht hat, bis das Gedicht das ausdrückte, was er ausdrücken wollte. Nun machen Sie selber die Rechnung: Im normalen Schreibtempo lassen sich die acht Zeilen mit insgesamt 24 Worten ohne weiteres in einer Minute zu Papier bringen. Hat man aber eine Stunde daran, dann bedeutet das doch, daß man sechzigmal langsamer schreibt als ein normaler Schreiber. Womit wieder einmal bewiesen wäre, daß ein Kunstwerk langsam entstehen muß, wenn es Bestand haben soll.

In der Musik ist es nicht anders. Hier dauert der Prozeß eher noch länger, weil zum langdauernden Schöpfungsakt des Komponisten noch der Gestaltungsakt des Dirigenten und Interpreten kommt. Und die Wiedergabe eines Musikwerkes läßt sich nicht beschleunigen. Wer eine Schallplatte, um Zeit zu gewinnen, mit doppelter Geschwindigkeit laufen läßt, wird gestehen müssen, daß das Musikstück durch solche Maßnahmen keineswegs gewinnt, ja daß sein Genuß dadurch bedeutend geschmälert wird.

Auch Werke der bildenden Kunst werden langsam geschaffen und müssen mit Muße genossen werden. Eine Skulptur entsteht durch ungezählte Hammerschläge, ein Gemälde durch ungezählte Pinselstriche. Avantgardistische Maler mögen sich eines Schnellverfahrens bedienen, indem sie zur Spritzpistole und anderen Kniffen greifen; was dabei herauskommt, dürfte indessen doch bedeutend weniger wertvoll sein als jene altmodischen Bilder eines Leonardo da Vinci oder Manet, die oft monatelang auf der Staffelei blieben, bis sie endlich gereift und gerahmt waren. Übrigens hat – um einen Modernen zu nennen – auch Paul Klee seine Bilder bestimmt nicht hingeschmiert, sondern sorgfältig und langsam ausgearbeitet.
Wenn man nun noch bedenkt, wie lange es geht, bis ein bildender oder überhaupt jeder Künstler imstande ist, etwas Gültiges zu schaffen, wie viele Jahre seine Ausbildung dauert und wie langsam er sich Beachtung und Anerkennung erkämpfen muß, dann erkennt man auch auf diesem Gebiet das nun schon oft genug genannte Gesetz, daß alles Gute langsam kommt. Bei vielen Künstlern kommt es so langsam, daß sie erst nach ihrem Tode berühmt werden.
Man lasse sich nie von der Kürze oder von der Einfachheit eines Kunstwerkes zu der Annahme verleiten, es sei rasch entstanden. Gerade Verdichtung und Abstrahierung erfordern eine lange Entstehungszeit. Auch in der Redekunst gibt es hier keine Ausnahme: Wer eine Stunde zur Verfügung hat, um frei über ein Thema zu plaudern, braucht sich viel weniger vorzubereiten als einer, der den gleichen Inhalt in einen viertelstündigen Vortrag zusammenballen muß. Überhaupt ist Vielreden leichter als Gescheitreden. Davon wird später noch zu berichten sein.

Die Langsamkeit in der Geschichte

Die Geschichte wickelt sich, als Entwicklung der Menschheit gesehen, langsam ab. Von der Urgeschichte, in der man mit Jahrtausenden umspringt wie heute mit Jahrzehnten, wollen wir gar nicht reden. Es dauerte sehr, sehr lange, bis sich der Mensch vom Neandertaler so weit veredelt hatte, daß er würdig war, in die Geschichtsbücher aufgenommen zu werden.
In unserer heutigen Geschichtsschreibung beträgt die kleinste Zeiteinheit in der Regel ein Jahr. Überall dort, wo dieses Maß nicht mehr genügt, wo sich die Ereignisse also von Monat zu Monat, von Woche zu Woche oder gar von Tag zu Tag überstürzen, stimmt etwas nicht. Solch rasche Folgen von bedeutsamen Geschehnissen finden wir in Kriegen und Revolutionen. Nur Liebhaber von Kriegen und Revolutionen können also behaupten, Raschheit in der Geschichte sei etwas Gutes. Beispiele kennen wir genug. Etwa die wild dahergaloppierenden Hunnenhorden Attilas, oder Napoleons rascher Vorstoß ins Innere Rußlands, oder Hitlers sogenannter Blitzkrieg. Keiner dieser drei historischen Anlässe hat irgendjemandem auch nur den geringsten Segen gebracht.
Im Gegensatz dazu haben wir allen Grund, die langsamen Ereignisse zu loben. Die schweizerische Eidgenossenschaft zum Beispiel brauchte vom Rütlischwur bis zum Bundesstaat volle 557

Jahre und hat sich seither trotz allen, die dies nicht wahrhaben wollen, im allgemeinen recht gut bewährt – besser jedenfalls als andere Staaten, die von einem Tag auf den andern gegründet wurden und zuweilen ebenso rasch wieder von der Landkarte verschwanden. Ich verweise auf das Sprichwort: «Was lange währt, wird endlich gut», eine Volksweisheit, die nicht aus der Luft gegriffen ist.
Ein anderer Spruch besagt, man könne das Rad der Zeit nicht zurückdrehen. Auch das hat sich schon tausendfach bewahrheitet. Das Rad der Zeit dreht sich unablässig und langsam vorwärts. Revolutionen sind Versuche, es rascher vorwärts zu drehen, Zeichen der Ungeduld also. Revolutionäre sind wie Automobilisten, die aus der Kolonne ausbrechen. In beiden Fällen fließt meist Blut, und aus dem vermeintlichen Fortschritt wird ein erbärmlicher Rückfall.
Man beachte übrigens das Wort «Fortschritt». Fort-Schritt, nicht Fort-Fahrt oder Fort-Flug. Schreiten ist eine langsame Bewegung. Darum bringt uns eine zu rasche Entwicklung, mit der wir nicht mehr Schritt halten können – die Volksmotorisierung zum Beispiel – in eine Lage, der wir nicht mehr gewachsen sind: Wir werden von der Motorisierung buchstäblich überfahren, denn geistig sind wir immer noch Fußgänger.
Es bleibt den Historikern des Jahres 2500 vorbehalten, unsere jetzige Zeit im Rahmen der Geschichte zu beurteilen. Wir müssen uns nicht einbilden, daß wir einst besonders hervorstechen werden. Was wir heute stolz als Neuzeit bezeichnen, wird dannzumal vielleicht als Spätmittelalter gelten, mit den beiden unrühmlichen Weltkriegen als Merkpunkten und der Entdeckung der Atomkraft als wissenschaftlichem Ereignis von etwa

gleicher Bedeutung wie die Erfindung des Schießpulvers. Nur noch Spezialisten werden sich dann mit so geringfügigen Zeitabschnitten wie den sechziger Jahren des zwanzigsten Jahrhunderts befassen und in Seminararbeiten und historischen Dissertationen vielleicht feststellen, daß es in Europa eine Zeit der durch wirtschaftlichen Wohlstand und damit verbundene Arbeitsscheu verursachten Unrast war, in der alle möglichen Gruppen voller Ungeduld versuchten, den Fortgang der Geschichte zu beschleunigen, was natürlich nur Schwierigkeiten brachte und keineswegs zum Ziele führte. Sogar Gymnasiasten, Lehrlinge und Studenten – so wird es möglicherweise in jenen Arbeiten heißen – konnten nicht mehr bis zur Erreichung der geistigen Reife oder bis zum Abschluß ihrer Ausbildung warten; sie wurden aufrührerisch und begehrten überall dort mitzureden, wo reife und ausgebildete Menschen die Verantwortung zu tragen haben. Sie forderten rasche Revolution, wo langsame Evolution natürlich gewesen wäre.

Hier kommt mir ein Schiller-Wort aus «Wallenstein» in den Sinn: «Schnell fertig ist die Jugend mit dem Wort»; und wenn wir schon bei Schiller und «Wallenstein» sind, noch ein zweites, den Wert der Langsamkeit hervorhebendes: «Dem Glücklichen schlägt keine Stunde.» Dies nur nebenbei.

Forderungen nach rascher Herbeiführung gewünschter Zustände hat es gewiß schon immer gegeben. Ich bin überzeugt, daß bereits im Alten Rom gewisse Kreise energisch nach einem sofortigen Ausbau des Nationalstraßennetzes gerufen und im Mittelalter die Minnesänger ungeduldig einen besseren Schutz ihrer Autorenrechte gefordert haben. Beides ist mit der Zeit verwirklicht worden, und wenn man das weiß, dann nimmt man erstens sich selber nicht mehr so wichtig und zweitens die Geschichte gelassener hin, denn ihr Rad dreht sich, wie gesagt, unablässig und langsam, und wer ihm beschleunigend in die Speichen greifen will, fällt selbst hinein.

Der schnelle Mensch auf der Straße

Vorbemerkung: Ein trauriges Kapitel.

Wie tief der Mensch, der den Segen der Langsamkeit nicht annehmen will, sinken kann, sei hier und in den folgenden Kapiteln aufgezeichnet. Erinnern wir uns vorerst wieder einmal daran, daß der unverdorbene Mensch in der Sekunde 1⅓ Meter zurücklegt. Wir haben auch schon festgehalten, daß sein Geist auf diese Normalgeschwindigkeit zugeschnitten ist. Wer zu Fuß geht und nicht von widernatürlicher Eile beflügelt ist, sieht sich durchaus imstande, alle sich ihm anbietenden Sinneseindrücke nicht nur aufzunehmen, sondern auch nutzbringend zu verarbeiten. Er ist also auch jederzeit fähig, bei auftauchenden Gefahren die notwendigen Abwehr- oder Ausweichmaßnahmen zu treffen. Es ist, soviel ich weiß, noch nie vorgekommen, daß zwei mit natürlicher Geschwindigkeit daherkommende Fußgänger zusammengestoßen sind oder daß ein Fußgänger in einer Biegung aus seiner Bahn geschleudert worden ist oder sonstwie Schaden genommen hat. Beobachten wir die übrige Kreatur, dann kommen wir zum gleichen Schluß: Weder Goldfische noch Elefanten tun ihresgleichen einen Schaden an, der auf ihre natürliche Fortbewegungsart zurückzuführen wäre.
Und warum das?

Weil sie nicht motorisiert sind.
Der motorisierte Mensch erreicht Geschwindigkeiten, die seiner Natur in höchstem Maße zuwiderlaufen. Ich will bescheiden sein und eine Geschwindigkeit von 100 Stundenkilometern annehmen – für einen Rasebold von heute eine Kleinigkeit. 100 Stundenkilometer entsprechen rund 28 Sekundenmetern, und das ist einundzwanzigmal rascher als ein Fußgänger. Mit andern Worten: Der menschliche Organismus, vor allem sein Sinnesapparat, wird einundzwanzigfach überfordert. Der mit 100 Stundenkilometern daherrasende Mensch nimmt mit Ohren, Augen und Nase nur noch den einundzwanzigsten Teil dessen in sein Hirn auf, was ihm als Fußgänger geboten würde. Wer die Schulaufsätze von Kindern liest, deren Vater ihnen am Sonntag nichts Gescheiteres zu bieten hat als eine Fünf-Seen- oder Drei-Pässe-Fahrt, wird dies bestätigen müssen. Geschwindigkeit beraubt den Menschen also eines bedeutenden Teiles der den langsamen Mitmenschen vorbehaltenen Erlebnisse. Dies wäre noch zu verschmerzen, wenn es auch schon traurig genug ist. Schlimmer aber ist die Tatsache, daß der schnelle Mensch auch den Gefahren, die überall drohen, nicht mehr gewachsen ist. Sein Geist, für $1^1/_3$ Meter pro Sekunde konzipiert, ist nicht mehr fähig, eine Gefahr rechtzeitig zu erkennen – besonders dann nicht, wenn diese Gefahr von einem Mitmenschen hervorgerufen wird, der sich mit ebenso unvernünftig hoher Geschwindigkeit bewegt. In diesem Fall nämlich addieren sich die Geschwindigkeiten auf 200 Stundenkilometer, und was hier alles geschieht, noch bevor die Reaktionszeit abgelaufen ist, kann Ihnen jeder einigermaßen gebildete Fahrlehrer mit blutiger Eindrücklichkeit vorrechnen.

Wer Unfallstatistiken prüft, kommt nicht um die Erkenntnis herum, daß die Geschwindigkeit eine Erfindung des Teufels ist. Gewiß, es kann vorkommen, daß ein Fahrer verunglückt, weil ihm ein Felsblock aufs Dach fällt oder weil ihm sein politischer Gegner eine Zeitbombe unter den Sitz geschmuggelt hat; aber solche Ursachen sind verhältnismäßig selten. Abgesehen von derartigen Ausnahmen, müssen sämtliche Unfälle auf das Laster Geschwindigkeit zurückgeführt werden. Dort, wo übersetztes Tempo zur Nichtbeherrschung des Fahrzeugs führt, ist dies offensichtlich. Es trifft aber auch auf fast alle übrigen Fälle zu, wo Eile im Spiel ist. Der Eilige bildet, auch wenn seine Geschwindigkeit gar nicht übersetzt ist, eine Gefahr, vor der nicht genug gewarnt werden kann, denn wo der gewöhnliche Raser vielleicht noch kühl überlegt, verliert er, von der Eile getrieben, jegliche Vernunft. Der Eilige überholt auch dort, wo Überholen Wahnsinn bedeutet. Der Eilige mißachtet das Vortrittsrecht der andern. Der Eilige schert sich nicht um Stop-Signale, überhaupt um keine Signale. Der Eilige läßt sich von Fußgängerstreifen in keiner Weise beeindrucken. Der Eilige schneidet unübersichtliche Linkskurven. Der Eilige rast bei Rotlicht über Kreuzungen. Er strapaziert seine Schutzengel dermaßen, daß man es diesen nicht verargen darf, wenn sie ihm zuweilen nicht mehr zu folgen vermögen. Aber auch dann kommt der Eilige rasch voran. Rasch ins Gefängnis, rasch ins Spital, rasch auf den Friedhof.

Und dennoch steht die Volksmeinung in überwiegendem Maße auf der Seite der Raschen. Der Langsame dagegen ist ein vielgeschmähter Verkehrsteilnehmer. Seine vernünftige und lobenswerte Bemühung, sich die Bequemlichkeit der mühelosen Fortbewegung in möglichst natürlicher Form zunutze zu machen, wird verlacht, verspottet, als verkehrsgefährdend ausgelegt. «Schleicher!» rufen verächtlich jene andern, die ihn mit schwarz-weiß kariertem Kühler, farbigem Längsstreifen über Motorhaube und Dach und Fuchsschwanz an der Antenne überholen. Sie werfen ihm vor, er störe die Flüssigkeit des Verkehrs.

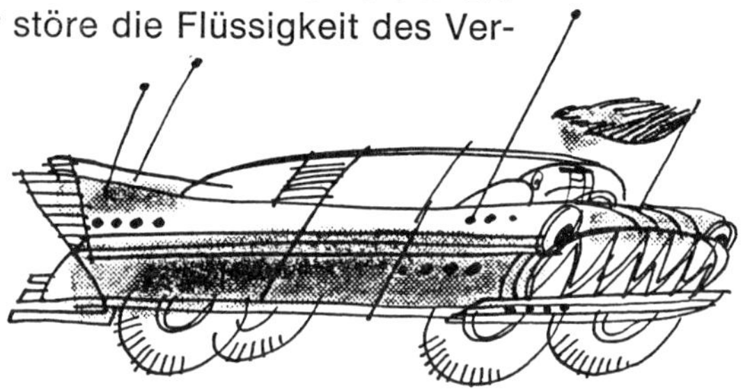

«Flüssigkeit des Verkehrs» – welch sinnloser Ausdruck! Der ihn prägte, hat wohl zuviel Flüssigkeit des Spirituosenhandels zu sich genommen. Man meint damit natürlich den Verkehrsfluß – aber auch hier verstrickt man sich in Widersprüche. Fließen ist nämlich nie eine rasante Bewegung; selbst der mächtige Mississippi bewegt sich im Vergleich zum Straßenverkehr noch sehr gemächlich. Der Automobilist aber, der in seiner rührenden Einfalt nach flüssigem Verkehr ruft, erwartet zum Beispiel, daß er eine Stadt mit fünfzig oder gar sechzig Stundenkilometern durchfahren könne. Da ihm dies nur selten vergönnt ist – und ich sehe auch nicht ein, woher er sich das Recht auf eine solche Forderung nehmen darf –, staut sich der Geschwindigkeitstrieb in seinem von Auspuffgasen leicht narkotisierten Gemüt qualvoll auf, und wenn er dann einmal die Ortstafel hinter sich und freie Bahn vor sich hat, glaubt er Verpaßtes nachholen zu müssen und tritt mit dem rechten Fuß das Gaspedal durch, während er mit

dem linken bereits im Grab oder im Gefängnis steht.
Aufschlußreich sind in dieser Hinsicht Beobachtungen auf unseren Autobahnen, denn dort befindet sich der Motorisierte gleichsam auf freier Wildbahn. Autobahnen wären eigentlich kreuzungsfreie Verkehrsadern, die es den motorisierten Menschen erlauben sollten, ohne Gefährdung durch Fußgänger, Fuhrwerke, Radfahrer, Hühner und Hunde und ohne verlangsamende Kurven und Steigungen längere Strecken mit gleichbleibender Geschwindigkeit zurückzulegen. Dies haben jedoch in unserem Lande nur ganz wenige begriffen. Der helvetische Durchschnittsautobahnbenützer ist offensichtlich der Auffassung, es handle sich hier um staatlich finanzierte Rennpisten, auf denen man den Motor zur Höchstleistung emporjagen soll und Gelegenheit erhält, die Überlegenheit seines eigenen Modells gegenüber anderen Automarken unter Beweis zu stellen. Bei ihm steht an erster Stelle also nicht der Genuß des gefahrlosen und gleichmäßigen Dahinrollens, sondern das Jagen und Überholen. Wer mir nicht glaubt, begebe sich selber einmal auf die Autobahn. Er wird nicht weit fahren müssen, um mit eigenen Augen das erste Verfolgungsrennen sehen zu können.
Es muß überhaupt darauf hingewiesen werden, daß der durch Motorkraft sich fortbewegende, also der rasche Mensch sein Verhalten in einer Weise verändert, die wir nur tief bedauern können. Es kann einer als Fußgänger der verträglichste, friedfertigste Mensch sein – sobald er die Antriebskraft seiner zwei bis zwölf Zylinder verspürt, wird er zur Bestie. Der Drang, überall möglichst rasch voranzukommen, läßt ihn alles vergessen, was er in Elternhaus, Schule und Kirche

gelernt hat. Den Mitmenschen – mit dem er nun plötzlich auf Du steht – betrachtet er fast nur noch als störenden Widersacher, der gedrängt und überholt, erschreckt, belehrt und bestraft werden muß. Wehe dem andern, der sich anmaßt, im Wege zu sein! Zum Glück sind die ihm zugedachten Worte fast nie hörbar; sie können indessen aus wutverzerrtem Gesicht und begleitenden Gebärden leicht erahnt werden. Dazu kommen schrille Huptöne und grelle Scheinwerferblitze: «son et lumière» – ein widerliches Schau- und Hörspiel! Leider darf nicht verschwiegen werden, daß auch sonst hochgeachtete Menschen, denen man etwas derartiges nie zutrauen würde, recht oft auf diese tiefe Stufe des motorisierten Bürgerkrieges hinabsinken. Und all das nur, weil man die Tugend der Langsamkeit nicht anerkennen will. Woher kommt das? Lag vielleicht in der Erfindung des Rades der Keim zum Untergang der Menschheit? Ich kann es nicht glauben. Das Rad und alle folgenden technischen Erfindungen, die zum motorgetriebenen Fahrzeug führten, wären gewiß sehr nützlich für den Menschen, wenn dieser neben dem äußeren Fortschritt auch innere Fortschritte gemacht hätte. Aber es ist noch immer der alte Adam, der heute mit Hundertvierzig über die Autobahn rast. Seine Geschwindigkeit ist gewachsen, seine Charakterstärke leider nicht. Er ist der Versuchung der Geschwindigkeit erlegen, und alle, die aus dieser Charakterschwäche Nutzen ziehen können, tun es weidlich.
Es sind dies vor allem die Hersteller von Automobilen. Sie haben es verstanden, den Besitz eines Fahrzeuges, das rasche Fortbewegung gestattet, zu einem erstrebenswerten Ziel, zum Sinnbild hoher Lebensart zu machen. Millionen sind schon auf diesen Schwindel hereingefallen, viele

weitere Millionen werden noch darauf hereinfallen. Zwar erwähnt die Autowerbung auch Komfort und Sicherheit, aber das Hauptgewicht liegt doch in neunzig von hundert Fällen – auch wenn dies nicht zugegeben wird – auf der Geschwindigkeit. «In 11,2 Sekunden auf 100 Stundenkilometern» lautet zum Beispiel ein Inserattext, und der davon beeindruckte Leser wird aufgefordert, ein Auto zu kaufen, in dem er alle andern überholen könne. «Lassen Sie sich Ihr Tempo nicht von andern diktieren!» heißt es da: Aufforderung zum oft tödlichen Kolonnenhüpfen. «Seriösere» Firmen tarnen den Appell an die Geschwindigkeitssucht hinter scheinbarer Sorge um die Sicherheit des Fahrers. Darum preisen sie die vorzügliche Straßenhaltung «auch bei viel zu schnell gefahrener Kurve» und veröffentlichen so gefährlich-mehrdeutige Ratschläge wie: «Verkehrshindernisse sind am ungefährlichsten, wenn man sie schnell

hinter sich bringt.» Andere wiederum heben die sichere Konstruktion ihrer Modelle hervor: Alles ist so gebaut und angeordnet, daß die Insassen damit rechnen dürfen, einen Unfall zu überleben. Wie umsichtig!
Das sicherste aller sicheren Autos aber will niemand bauen: ein langsames Auto.
Das alles wäre nicht so tragisch zu nehmen, wenn seine tragischen Folgen nicht täglich in der Zeitung und auf der Straße zu sehen wären: tote und verstümmelte Menschen, Blut und Tränen. Es erübrigt sich, Einzelheiten aufzuzählen. Die Tageszeitungen bringen so viele dieser Art von Meldungen und Bildern, daß man darüber hinwegliest und nur noch bei ganz blutigen Unfällen aufmerkt. Aber langsamer fährt man deswegen noch lange nicht, obschon ich den sehen möchte, der mir die Behauptung widerlegen kann, daß, wenn alle Verkehrsteilnehmer die Langsamkeit zum obersten Gesetz erhöben, keine tödlichen Unfälle mehr geschähen.

Der schnelle Mensch im Sport

«Sind Sie ein sportlicher Fahrer?» heißt es jeweils herausfordernd in automobilistischen Inseraten. «Sportlich» schließt in diesem Zusammenhang den Begriff «schnell» in sich, und Schauplatz dieser sportlichen Schnelligkeit – mit «sportlichem Schaltstock» und «sportlichem Auspuff» – sind die gleichen Straßen, auf denen friedliche Bürger, zum Teil ohne Lebensversicherung, ihr Ziel lebendig zu erreichen trachten.

So müßte man eigentlich jene Rennsportler loben, die auf besonders für sie gebauten Pisten der Geschwindigkeit frönen. Ich kann es nicht. Gewiß, es hört sich eindrücklich an, wenn man vernimmt, daß einer seinen düsengetriebenen Rennwagen auf 978,804 Stundenkilometer gejagt habe. Das ist immerhin nahezu zweihundertmal die Geschwindigkeit eines beschaulichen Wanderers. Aber wozu eigentlich? Was hat er davon? Den Triumph, in der Zeitung erwähnt und abgebildet zu werden? Sicher braucht es Mut und Geschicklichkeit zu solchen Leistungen – aber den Hauptanteil daran hat doch die Maschine. Nicht umsonst kann man auch Affen zum Führen eines Autos abrichten. Mich dünkt deshalb, es lohne sich nicht, sein Leben vollamtlich aufs Spiel zu setzen, nur um zu versuchen, noch schneller als andere Schnelle zu sein. Vom damit verbundenen ungesunden Lärm und Gestank wollen wir schwei-

gen, und auch von den Witwen und Waisen all jener Autorennfahrer, die ihrem Beruf zum Opfer gefallen sind. Für viele ist ja die Todesmeldung, verbunden mit Bildern von brennenden, sich überschlagenden oder zerschmetterten Rennwagen, der letzte publizistische Erfolg, und in ganz spektakulären Fällen werden bei solchen Gelegenheiten auch gerade noch ein paar Zuschauer in den Tod mitgerissen. Daß dann, wie das in den vergangenen Jahren hin und wieder vorgekommen ist, trotz blutiger Katastrophe das Rennen weitergeht, als ob nichts geschehen wäre, zeugt auch nicht gerade von edelster Menschlichkeit der Geschwindigkeitsfanatiker.
Merke: Ein lebendiger Fußgänger nützt seinen Mitmenschen mehr als ein toter Rennfahrer.
Für Motorrad-Rennfahrer gilt das gleiche – mit dem einzigen Unterschied vielleicht, daß wegen

der leichteren Bauweise des Fahrzeugs und des Vorhandenseins von nur zwei Rädern hier einer noch rascher dazukommt, sich das Genick zu brechen. Es ist ja, wenn man darüber nachdenkt, wirklich heller Wahnsinn, daß der Mensch, diese verletzliche Kombination von Weichteilen und Knochengerüst, sich durch das rasche Fahren auf solchen Donnermühlen freiwillig die idealen Voraussetzungen für einen unschönen Tod schafft. Wenn er dabei glaubt, sich durch Sturzhelm und ledernen Bauchpanzer auch nur einigermaßen schützen zu können, dann zeugt das von einer geradezu ergreifenden Ahnungslosigkeit gegenüber den wirklichen Gefahren.
Radrennfahrer unterscheiden sich von ihren benzingetriebenen Kollegen hauptsächlich dadurch, daß sie ihre Beinmuskeln in den Dienst der Geschwindigkeit stellen und bedeutend weniger Lärm vollführen. Das ist aber auch alles. Im übrigen sind sie genau dem gleichen unseligen Ehrgeiz verfallen, möglichst rasch ans Ziel zu gelangen. Sie verpassen dabei den Duft der Blumen und den Gesang der Vögel; wie Roboter strampeln sie durch die Landschaft, die für sie nur als Trägerin des Straßennetzes von einiger Bedeutung ist, und schleppen einen lästigen Troß von Reklamewagen und Autos anderer am Gewinn Beteiligter hintennach. Selbst der Kuß, den der verschwitzte Sieger üblicherweise von einer aufgeregten Ehrendame erhält, hat etwas Ordinäres an sich, denn auch er wird rasch angebracht und bedeutet damit einen schwerwiegenden Verstoß gegen die altbewährte Regel, daß man sich zum Küssen Zeit nehmen soll.
Es gibt auch Geschwindigkeitssportler, die sich eines Pferdes bedienen. Ich meine nicht die Teilnehmer an Springkonkurrenzen. Dort sorgen man-

nigfache Hindernisse dafür, daß das Reiten nicht ins Rasen ausartet, und die Sprünge von Roß und Reiter sind dann am schönsten, wenn man sie in Zeitlupenaufnahmen (also langsam) verfolgen kann. Nein, ich denke an jene hochbezahlten und aus Gewichtsgründen unterernährten Jockeys, die ihre Pferde im Auftrag eines Geldgebers zum gestreckten Galopp anpeitschen und die letzten Kräfte aus den keuchenden Tieren herausholen. Ein unschönes Schauspiel – um so unschöner, als es meist noch mit Geldwetten verbunden ist und damit das edle Pferd auf die Stufe eines Spielgerätes herabwürdigt.

Dabei wären wir schon wieder beim um die Wette laufenden Menschen angekommen. Es gibt Wettläufer, die in 2¼ Minuten einen Kilometer zurücklegen, wofür ein normaler Wanderer siebenmal mehr Zeit braucht. Kurzstreckenläufer sind noch rascher. Sie bringen in der Sekunde etwa zehn Meter hinter sich. Wie unwürdig ein solcher Mensch am Ziel dasteht – wenn er überhaupt noch stehen kann –, habe ich bereits früher geschildert. Man kann übrigens auch hier seine Eile mit dem Tode bezahlen. Ein historisches Beispiel dafür ist der berühmte Meldeläufer von Marathon. Der rannte vor bald zweieinhalb Jahrtausenden mangels Telefons die 42,2 Kilometer lange Strecke von Marathon nach Athen, um den Sieg über die Perser zu verkünden, und brach am Ziel tot zusammen. Wäre er normal marschiert, hätte er für den Weg etwa acht Stunden benötigt. Durch seine unvernünftige Eile gewann er im besten Falle etwa fünfeinhalb Stunden. Frage: Lohnte sich das?

Die Welt aber hat aus diesem abschreckenden Beispiel nichts gelernt. Ganz im Gegenteil: Sie eifert ihm noch nach.

Reisen und Rasen

Es wäre unrealistisch, zu behaupten, das Reisen sei in früheren Zeiten in jeder Hinsicht angenehmer gewesen, als es heute ist. Überladene, schlecht gefederte Postkutschen auf schlechten, staubigen oder versumpften Straßen waren gewiß keine idealen Reisemittel. Trotzdem wage ich zu behaupten, daß unsere Ahnen von einer Reise mehr hatten als wir heute. Die langsame Fahrt gestattete ihnen, sich in Ruhe umzusehen, die zum Pferdewechsel notwendigen Halte – die zeitlich und örtlich viel näher beieinander lagen als die heutigen Tankstellenhalte – vermittelten ihnen einen häufigeren und tieferen Kontakt mit Einheimischen, und die für unsere Begriffe kurzen Tagesetappen sorgten dafür, daß sie mit Eindrükken nicht übersättigt wurden. Damals konnte man noch Reisetagebücher führen, nicht nur Kilometer- und Benzinrapporte, und Reisebriefe schreiben, nicht nur Ansichtskarten.

Selbst die Eisenbahnen waren in ihren Kinderjahren noch gemütlich. Sie brachten mehr Dampf als Geschwindigkeit hervor und waren auf Bergstrecken oft nicht schneller als ein rüstiger Wanderer. Niemand konnte damals ahnen, daß sie sich zu rasenden Lindwürmern entwickeln würden. Heute sind wir soweit. Es gibt bereits Lokomotiven mit Düsenantrieb, die eine Geschwindigkeit von 480 Stundenkilometern erreichen. Ob die

von solchen Höllenmaschinen gezogenen Personenwagen überhaupt noch mit Fenstern ausgerüstet werden? Fenster wären sinnlos, denn die Landschaft, die sich bei solcher Fahrt dem Reisenden bietet, kann nur noch aus horizontalen, verschiedenfarbigen Strichen bestehen.
Was aber geschähe, wenn ein solcher Superschnellzug einmal entgleiste oder mit einem anderen zusammenstieße, das wollen wir uns lieber gar nicht auszumalen versuchen. Uns genügen die heutigen Unfälle mit konventionellen Eisenbahnzügen vollauf.
Seit der Mensch den Luftraum erobert hat ... – oder nein, sagen wir es etwas bescheidener: Seit es dem Menschen gelungen ist, sich mit großem Energieaufwand und ebensolcher Lärmentwicklung für eine beschränkte Zeit über die Erdoberfläche zu erheben, verlegt man das Reisen auch in diesen unteren Teil der Atmosphäre. Flugreisen sind heute keine bemerkenswerten Abenteuer mehr. Man kann bereits in sechs Stunden von New York nach Zürich fliegen; sicher wird es bald noch rascher gehen. Für Leute, die in Eile sind (ich erinnere an das persische Sprichwort: «Eile ist ein Zeichen von schlechter Erziehung»), mag das erfreulich sein; mit Reisen hat es aber nichts mehr zu tun. Es ist bloß noch eine Dislokation. Zu sehen und zu erleben gibt es dabei nämlich wenig bis gar nichts. Darum sind Fluggesellschaften auch schon dazu übergegangen, ihren Passagieren während des Fluges Filme vorzuführen. Solche Ablenkungsmanöver von der Erlebnisleere einer Reise waren in der Postkutschenzeit noch überflüssig; dort geschah ständig etwas, und wenn es auch nur ein Radbruch war. Was natürlich nicht heißen will, daß beim Flugzeug ein Radbruch eine wünschenswerte Abwechslung wäre.

Wer also genußreich über den Ozean reisen will und seine Zeit so einzuteilen versteht, daß er genug hat, der bediene sich dazu eines Schiffes. Am besten eines mittelgroßen, denn die kleinen werden zu stark herumgeworfen und die ganz großen fahren so rasch, daß man, kaum hat man seine Kabine wohnlich eingerichtet, schon wieder mit dem Packen der Koffer beginnen muß. Also ein mittleres Schiff, das von Le Havre bis New York etwa acht Tage benötigt.
Man wird mir nun vorrechnen, daß selbst ein solches, verhältnismäßig langsames Schiff die Wellen mit einer Geschwindigkeit pflügt, die weit über den geforderten 1⅓ Sekundenmetern liegt. Dessen bin ich mir wohl bewußt. Trotzdem zähle ich eine solche Seereise zu den langsamen, also vollkommenen Genüssen. Auf der endlosen Fläche des Ozeans wird man der hohen Geschwindigkeit gar nicht gewahr, es sei denn, man falle über Bord und stelle staunend fest, wie rasch sich das Schiff von einem entfernt. Das dürfte jedoch eher selten geschehen. Sonst aber hat man ja keine Vergleichspunkte, an denen man die Geschwindigkeit messen könnte; selbst die begleitenden Möwen geben darüber keinen Aufschluß, denn sie sind Satelliten des Schiffes, das, eine kleine Welt für sich, geradesogut stillstehen könnte, während das Meer unter ihm sich unmerklich bewegt und die Küste näherbringt.
Wir geraten hier ins Gebiet der Relativität, und da ich davon herzlich wenig verstehe, möchte ich nicht länger bei diesem Punkt verweilen. Hauptsache ist ja, daß wir von der Geschwindigkeit des Schiffes nichts verspüren.
Da bei einer solchen Seereise, sofern sie einigermaßen parallel zum Äquator verläuft, auch die Uhren immer wieder nachgestellt werden müs-

sen und dadurch die gewohnte Zeitrechnung auf den Kopf gestellt wird, verliert auch die Zeitmessung allmählich ihre Bedeutung. Man beginnt zeitlos zu leben. Auf einem Schiff ist das leicht. Zu beachten sind eigentlich nur noch die Essenszeiten, und auch hier kommt es nicht auf die Minute an. Daneben steht es einem völlig frei, sich irgendeinem Vergnügen hinzugeben oder auch nichts zu tun. Zeit steht mehr als genug zur Verfügung. Dies sind die idealen Voraussetzungen für ein langsames Leben. Wer auf einem Meerschiff Hast an den Tag legt, wird von den anderen Passagieren mit Verwunderung und vom Schiffsarzt mit beruflicher Besorgnis beobachtet. Es ist

ja völlig sinnlos, sich hier zu beeilen. Wohl gewinnt man dadurch Zeit; aber welcher normale Mensch versucht etwas zu gewinnen, was er schon im Überfluß besitzt? Darum ist jedes Schiff eine selige Insel langsam Lebender, und jeder, der je eine solche Reise erlebt hat, wird mit einem wehmütigen Seufzer bestätigen, daß er noch selten so glücklich gewesen ist.
Kaum aber hat man den Fuß wieder aufs Festland gesetzt, vergißt man die Lehre, die man nun aus der Seefahrt ziehen müßte. Sehr oft ist das erste Unternehmen nach Verlassen des Schiffes eine Fahrt im Taxi. Grausamer könnte man nicht aus einem schönen Traum erwachen.
Die schnellste Reiseart ist heute der Raumflug. Eine Raumkapsel umkreist die Erde mit etwa 27 000 Stundenkilometern. Das Schönste an dieser ungeheuren Schnelligkeit ist wiederum, daß man sie überhaupt nicht spürt. Es muß ein überwältigendes Erlebnis sein, als Astronaut Meere und Kontinente unter sich dahinziehen zu sehen, während man sich im Stillstand (dem Maximum der Langsamkeit) wähnt. Ein solcher Flug bedeutet in jeder Hinsicht einen Höhepunkt des Lebens, ein überirdisches Glücksgefühl.
Gewisse Nachteile des Raumfluges dürfen indessen nicht verschwiegen werden. Zwischenhalte an ganz besonders schönen Stellen sind nicht möglich. Aussteigen unterwegs ist höchst mühsam. Atemluft muß man selber mitführen. Die Raumverhältnisse sind eng und unbequem, und sowohl der Start, bei dem die Beschleunigung sich sehr deutlich spürbar macht, als auch die Landung, die wegen der brüsken Bremsung die Nachteile der Geschwindigkeit wiederum deutlich zum Bewußtsein bringt, sind mit allerhand Unannehmlichkeiten verbunden. Zudem aber ist

diese Reiseart äußerst kostspielig. Eine handelsübliche Raumkapsel kostet einschließlich Rakete (obligatorisch), Forschung, Bau und Flugüberwachung rund 170 Millionen Franken. Ein Preis, den sich der einfache Bürger nur in Ausnahmefällen leisten kann.
Jeder aber kann sich einen Fußmarsch leisten. Er ist die langsamste und deshalb auch die schönste Reiseart. Man hat das eigentlich schon immer gewußt. Die schönsten Lieder, die schönsten Gedichte, viele Meisterwerke der Prosaliteraur sind dem Wandern gewidmet. Ich kenne auch keinen Maler, der seine Werke in einem fahrenden Zug oder einem fliegenden Flugzeug geschaffen hätte. Bildende Künstler stehen bei ihrer schöpferischen Arbeit mit beiden Füßen auf dem Erdboden. Leider werden auch hier diejenigen immer seltener, welche zu Fuß die Landschaft durchstreifen und ihre Skizzenbücher füllen. Die Mehrheit der motorisierten Menschen, die hastig von Ort zu Ort fahren und die Landschaft auf photographischen Filmen festhalten, um sie – wenn überhaupt – erst daheim richtig anzuschauen, wird immer erdrükkender. Ein Knipser braucht für ein Bild bei guten Lichtverhältnissen nur eine Hundertstelssekunde, ein Maler vielleicht eine Woche. Es sollte wieder mehr Maler geben.
Man kennt heute den Ausdruck «Autowanderung». Leider gibt es keinen Sprachschutzverein, so wie es einen Tierschutzverein gibt. «Autowandern» ist eine bösartige Verunglimpfung des Wanderbegriffes. Fast hat man den Eindruck, der Automobilist sei sich der Fragwürdigkeit seines Tuns bewußt und versuche es durch eine sprachliche Korrektur zu beschönigen. Wahrscheinlich gibt er in seinem Unterbewußtsein doch zu, daß sich der langsame, gesunde Fußmarsch durch nichts

ersetzen läßt. Doch es scheint, daß unsere Generation zuerst durch das Fegefeuer der Geschwindigkeit gehen beziehungsweise fahren muß, um den Segen der natürlichen Fortbewegung wiederentdecken zu können.

Der langsame Geist

Stoßen Sie sich bitte nicht an der seltsamen und fragwürdigen Gliederung meiner Untersuchungen. Wenn ich jetzt den «langsamen Geist» an die Reihe nehme, dann bin ich mir durchaus bewußt, daß davon auch schon in früheren Kapiteln die Rede war. Die Zusammenhänge zwischen Körper und Geist sind so eng, daß ich, obschon ich mich bisher ja vorwiegend mit der körperlichen Fortbewegung befaßte, den Geist nicht einfach totschweigen konnte. Dieser Abschnitt sei nun aber vor allem dem Geist gewidmet. Daß auch hier der Körper nicht außer acht gelassen werden kann, ist nach dem soeben Gesagten selbstverständlich. Das nachfolgende Kapitel wird dann unter dem Titel «Das langsame Herz» stehen. Ich erlaube mir also, zwischen Geist und Herz zu unterscheiden. Dabei verstehe ich unter Geist den Intellekt, das Verstandesmäßige, unter Herz aber das Gemüt, das Gefühlsleben. Nehmen Sie das bitte zur Kenntnis, es wird Ihnen das Verständnis für das Folgende erleichtern.
Kann man überhaupt, so muß man sich zuerst fragen, die Vorgänge, die sich irgendwo unsichtbar in unseren Gehirnwindungen abspielen, zeitlich messen? Gibt es einen langsamen, gibt es einen raschen Geist?
Ich bin geneigt, diese Frage zu bejahen.

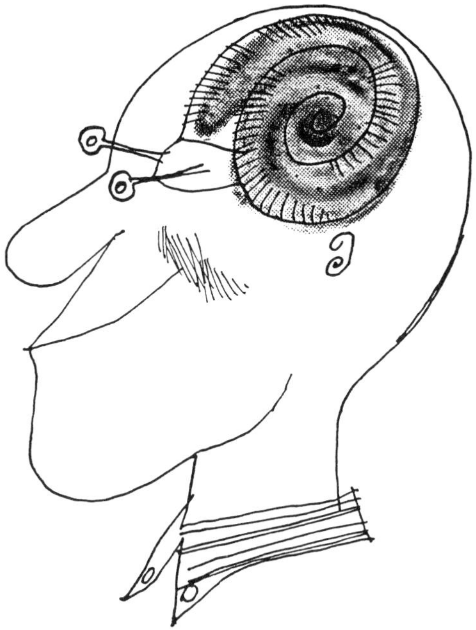

Der Entschluß ist das Ergebnis eines solchen geistigen Vorgangs. Im Sprachgebrauch gibt es den Begriff des «raschen Entschlusses». Im Gegensatz dazu kann man sich auch «zu einem Entschluß durchringen», sich also langsam entschließen. Welches ist nun besser?
Sicher der langsame Entschluß, denn nur hier besteht die Möglichkeit, eine Sache gründlich von allen Seiten her zu beurteilen, das Dafür und Dawider gegeneinander abzuwägen und seine Absicht hieb- und stichfest zu formulieren. Unter Zeitdruck ist eine solche Geistesarbeit ausgeschlossen. Der rasche Entschluß ist oberflächlich und von Zufälligkeiten beeinflußt; er wird oft schon nach kurzer Zeit wieder geändert werden müssen.

Dem scheinen gewisse Erfahrungen zu widersprechen. Es gibt rasche Entschlüsse – vor allem bei hervorragenden Politikern und Heerführern –, die nicht nur augenblicklich durch ihre Genialität auffallen, sondern sich in der Folge auch als richtig und weise herausstellen. Wer nun aber glaubt, dies seien wirkliche rasche Entschlüsse, wird sich belehren lassen müssen, daß dies eine Täuschung ist. Wohl kann solch ein «rasch Entschlossener», wenn er vor eine neue Lage gestellt ist, sofort den richtigen Entscheid treffen; geht man aber der Sache nach, so wird man erkennen, daß die Lage für ihn zwar neu, aber nicht unerwartet ist. Der Betreffende, gewohnt, langsam und gründlich zu denken, hat sich schon längst mit den zukünftigen Möglichkeiten auseinandergesetzt und für jede denkbare Situation im Geist eine Lösung bereitgelegt. Es kann also kommen, was will, er ist darauf vorbereitet, und was dem Uneingeweihten als rascher Entschluß erscheint, ist nichts anderes als das brillante Schlußbukett eines langdauernden und langsamen geistigen Vorgangs.
Gleiche Voraussetzungen bestehen auch bei erfolgreichen Quiz-Teilnehmern, wie sie heute besonders beim Fernsehen hoch im Kurs stehen. Wer auf eine schwierige Frage blitzschnell die richtige Antwort findet, besitzt nicht einen raschen Geist, sondern ein gründliches, umfassendes Wissen, das er sich im Verlaufe der Zeit langsam erworben hat.
Daneben gibt es natürlich auch Menschen mit wirklich raschem Geist, und ich möchte beifügen, daß sie keinen Grund haben, darauf stolz zu sein. Sie sind nie um eine Antwort verlegen; zu jedem Thema wissen sie etwas beizutragen, handle es sich nun um oberitalienische Schlösser oder um Rezepte für Käsespeisen. Man trifft solche Leute

in jeder Gesellschaft. Kaum ist ein Stichwort gefallen, übersprudelt ihr Geist und ergießt sich wortreich über die Lippen. Zu allem haben sie augenblicklich ein fertiges Urteil bereit, auch wenn es sich um Spezialgebiete handelt, mit denen sie gar nicht vertraut sein können. Das macht den Zuhörer mißtrauisch, und er wird nicht lange brauchen, um zu erkennen, daß solche Alleswisser bloß Schwätzer sind, die gar nicht urteilen, sondern nur wahllos wiedergeben, was sie einmal gehört oder gelesen und geistig nicht verdaut, sondern nur aufgestapelt haben. Trotzdem gelingt es ihnen nicht selten, das Gespräch an sich zu reißen und zu führen, denn gerade die gescheiten und gebildeten unter ihren Partnern sind zu gescheit und zu gebildet, als daß sie sich auf solche Wettrennen einließen. Sie reden nur, wenn sie wirklich etwas zu sagen haben, und tun es in langsamen, wohlabgewogenen Sätzen. Es fällt auf, daß viele weise und gelehrte Menschen oft in der Rede stocken, nachdenklich pausieren, nach dem richtigen Ausdruck suchen. Dafür hat dann das, was sie äußern, Hand und Fuß. Brillante Redner dagegen sind verdächtig.
Dem Berner hält man mit Vorliebe seine langsame Sprechweise vor. Nach dem Gesagten dürfte nun klar sein, daß dies ein – meist unfreiwilliges – Kompliment bedeutet. Wenn das Sprechtempo als Maßstab für geistige Fähigkeiten gelten darf, dann sicher nur in dem Sinne, daß der Langsamsprecher dem Schnellsprecher geistig überlegen ist.
Man hat auf diesem Gebiet folgende Mittelwerte gefunden: Ein Franzose spricht in der Minute 350 Silben, ein Deutscher 250, ein Engländer 220. Den Langsamkeitsrekord im Sprechen dürften einige Südseevölker innehaben, bei denen es schon als

sehr schnell gilt, wenn jemand in der Minute fünfzig Silben redet.
Der Berner dürfte auf dieser Skala irgendwo zwischen den sympathischen Engländern und den glücklichen Bewohnern südpazifischer Trauminseln liegen. Er befindet sich also in bester Gesellschaft. Er weiß überdies, daß eine wohlüberlegte, Wort für Wort bedachte und deshalb langsam vorgebrachte Rede mehr gilt als ein mit 350 Minutensilben dahersprudelndes Gerede, in dem notgedrungen viel Unbedachtes und Nichtssagendes enthalten sein muß.
An diesem Punkt muß ich noch einmal ausführlicher auf die Langsamkeit des Berners zurückkommen, denn nun dürfte es auch dem schwerfälligsten Leser klargeworden sein, daß Langsamkeit – sowohl körperliche als auch geistige – die höchste aller Tugenden ist.
Die Geschichte gibt uns recht. Bern hat seine Entschlüsse immer langsam reifen lassen und langsam ausgeführt, und dies nicht nur zum eigenen Vorteil, sondern auch zum Nutzen der gesamten Eidgenossenschaft. Der Geschichtskundige wird sich dieser Erkenntnis nicht verschließen können. Die bernische Politik war immer weitsichtig und so angelegt, daß manches, was andere mit Ungeduld erzwungen hätten, sich von selber im gewünschten Sinne entwickelte. In den Berner Ratsstuben wurde nie schnell geredet, und darum hatte jeder Zeit, sich zum Gesagten seine Gedanken zu machen. Das langsame Wort der bernischen Staatsmänner besaß Gewicht, bei den Eidgenossen wie auch an ausländischen Höfen. Friedrich der Große, der schließlich etwas von Staatsgeschäften verstand, sagte am 1. Juli 1786, kurz vor seinem Tode: «Ich liebe die Schweizer und zumal die Regierung von Bern. Es ist Würde

in allem, was die Regierung in Bern tut; ich liebe die Berner.»
Daß Würde ohne Langsamkeit nicht möglich ist, wissen wir bereits.
Die Regierung in Bern arbeitet vielleicht langsamer als andere Regierungen; dafür trifft sie auch nie überstürzte Entscheidungen. Dies ist übrigens nicht nur auf die ihr angeborene Langsamkeit zurückzuführen, sondern auch auf ihre demokratische Regierungsart. In einer Demokratie, in der jeder Beschluß von einiger Bedeutung verschiedene Entwicklungsstadien durchlaufen und zuletzt noch dem Volk vorgelegt werden muß, geht alles langsamer als in einer Diktatur, in der ein Einziger entscheidet. Die Diktatur ist die rascheste, die Demokratie die langsamste Staatsform.
Das ist ein Werturteil.
Fassen wir zusammen: Auch auf geistigem Gebiet ist Langsamkeit die Voraussetzung für große Leistungen. Der ideale Mensch ist der körperlich langsame Mensch, dem ein langsamer Geist innewohnt. «Mens lenta in corpore lento»: die höchste Stufe des Homo sapiens!

Das langsame Herz

Das Herz ist, naturwissenschaftlich betrachtet, eine muskulöse Blutpumpe. Im Brustkorb eines erwachsenen Menschen schlägt es in der Minute etwa siebzigmal, also ungefähr im gemächlichen Rhythmus einer Pendeluhr. Beschleunigung des Pulsschlages bedeutet Erregung oder Krankheit, also etwas Ungutes. Je langsamer der Puls, desto ruhiger der Mensch.

Hier geht es aber vor allem um das Herz als Sitz der Gefühle. Es stellt sich die Frage: Gibt es langsame und schnelle Gefühle, und wenn ja, welche sind die wertvolleren, die edleren? Wir wollen dies unvoreingenommen untersuchen.

Als rasches Gefühl, das sich schon durch seine sprachliche Bezeichnung als solches verrät, muß der Jähzorn betrachtet werden. Jähzorn ist eine unerfreuliche Angelegenheit: ein unbeherrschtes Aufbrausen, ein gefährlicher Gefühlsausbruch, der nicht selten zum Verbrechen führt. Der Puls des Jähzornigen beschleunigt sich, sein Antlitz färbt sich rot, seine Stimme überschlägt sich (raschere Schwingungen!), seine Bewegungen sind heftig und hastig. Jähzornige Romanhelden greifen – je nach Zeitalter – blitzschnell zum Steinbeil, Degen oder Revolver, galoppieren auf wild schäumenden Rappen oder rasen in unbeherrscht gelenkten Autos durch die Gegend und stoßen Verwünschungen aus, die das Ebenmaß

von rund 150 Silben in der Minute bei weitem überschreiten. All dies könnte vermieden werden, wenn der Mensch zur Langsamkeit erzogen wäre.
Haß ist eine verwandte Gefühlsregung, vielleicht etwas weniger rasch, aber sicher keineswegs langsam. Der Hassende ist ruhelos, er wird von seiner Empfindung verzehrt. Rachedurst treibt ihn zu kriminellen Taten. Haß ist häßlich.
Zorn ist zuweilen begreiflich, aber deswegen noch lange kein gutes Gefühl. Er steht dem ruhigen Überlegen im Wege, verhindert den langsamen Entschluß, ist also schädlich und soll, wo immer möglich, vermieden werden.
Weitere Gefühle, die im unerfreulichen Bereich liegen und deshalb nach unserer Theorie mit rascher Bewegung verbunden sein sollten, sind Trauer und Schmerz. Schmerz ist bestimmt in vielen Fällen ein heftiges Gefühl und darf als rasch bewertet werden. Es gibt aber auch einen sogenannten stillen Schmerz, und Trauer ist vollends etwas, was mit Langsamkeit in Zusammenhang gebracht werden muß. Folgt daraus, daß unsere Theorie unhaltbar sei? So etwas könnte nur einer behaupten, der mit der Dialektik unserer Langsamkeitslehre noch zu wenig vertraut ist. Es muß hier nämlich gefragt werden: Wie entstehen Schmerz und Trauer? Doch sicher nicht aus erfreulichen Ursachen. Sie sind die Folge von Unfällen, bösen Gefühlen und ähnlichem Unheil – Unheil, das bekanntlich ausnahmslos auf Geschwindigkeit zurückgeht. Ist das nun also klar?: Schmerz und Trauer sind, wenn ihnen auch eine gewisse Langsamkeit eigen ist, direkte Folgen der verderblichen Geschwindigkeit, und man muß beifügen: Ein Glück, daß sie langsam sind, sonst wären sie überhaupt nicht auszuhalten! Ich würde es also so formulieren: Schmerz und Trauer sind

durch Geschwindigkeit entstandene, durch Langsamkeit gedämpfte Gefühle und deshalb besonders für den Beweis geeignet, daß Geschwindigkeit negativ und Langsamkeit positiv ist.

Nun aber zu den positiven Gefühlen und Qualitäten: Freude, Heiterkeit, Liebe, Treue, Güte und dergleichen.

Bei Freude, Heiterkeit und verwandten Empfindungen stellt sich wieder die Frage, ob hier nicht doch auch Geschwindigkeit mit im Spiele sei. «Freudige Erregung», «laute Heiterkeit» sind feste Begriffe, die man nicht einfach unter den Tisch wischen darf. Andererseits steht aber fest, daß richtige, tiefe Freude und stille, innige Heiterkeit langsame, den Puls kaum beschleunigende Gefühle sind. Nun frage ich Sie: Was empfinden Sie als besser: lautes, oft übertriebenes und störendes Gelächter oder vergnügtes Schmunzeln? Freude, die sich durch wortreiches Frohlocken ausdrückt, oder Freude, die ganz einfach aus den Augen leuchtet? Und vergegenwärtigen wir uns, daß am Ursprung solcher Gefühle stets eine Lust, ein Genuß steht, also etwas langsam Entstandenes. Darum bestätigt sich unsere These auch auf diesem Gebiet: Freude und Heiterkeit sind langsame Gefühle, die zuweilen durch das Hinzukommen von Geschwindigkeit an Wert einbüßen.

Liebe ist ein langsames, sich über längere Zeit – nach den Schwüren der Liebenden sogar bis in die Ewigkeit – erstreckendes Gefühl. «Liebe auf den ersten Blick» scheint dieser Feststellung zu widersprechen. Man mag diesem Sich-Hals-über-Kopf-Verlieben wohlwollend gegenüberstehen; ich muß aber davor warnen, es allzu hoch einzuschätzen. Erst wenn daraus eine dauerhafte Liebe gereift ist – langsam gereift ist –, erhält es seinen dauernden Wert. Erreicht es diese Stufe

nicht, dann war es nichts als voreilige Gefühlsverschwendung.
Daß Treue nie rasch sein kann, darüber bedarf es nicht vieler Worte. Kennzeichen der Treue ist ja gerade die Beständigkeit, das Dabeibleiben. Rasche Treue gibt es nicht.
Güte ist, wie bereits der Name sagt, etwas Gutes. Güte ist ein Dauerzustand wie Liebe und Treue, eine – um es gelehrt auszudrücken – ethische Grundströmung der Persönlichkeit. Und zwar eine langsame Strömung, was nach unserer früheren Feststellung über den «flüssigen Verkehr» über jeden Zweifel erhaben ist.
Damit wäre auch die Gefühlswelt des Menschen zwar nicht erschöpfend, aber doch in einem recht umfassenden Überblick behandelt. Nicht ohne Befriedigung blicke ich auf die Ergebnisse der bisherigen Untersuchungen zurück. Es hat sich mit wachsender Deutlichkeit die Erkenntnis herausgeschält, daß in allen Bereichen – dem körperlichen, geistigen und seelischen – die Langsamkeit dem Menschen zum Vorteil, die Geschwindigkeit aber zum Nachteil, ja zum Verderben gereicht.

Zusammenfassend läßt sich sagen...

Jede Untersuchung, die ernstgenommen werden will, weist in ihrem abschließenden Teil irgendwo den unausrottbaren Satz auf, der da beginnt: «Zusammenfassend läßt sich sagen . . .» Wenn ich mich dieser gelehrten Überlieferung anschließe, dann sei dies nicht als feiger Konformismus gedeutet, sondern als Beweis dafür, daß ich die Frucht meiner physiologisch-psychologisch-pädagogisch-philologisch-soziologischen Forschung für würdig halte, ernstgenommen zu werden.

Fassen wir also zusammen. Blicken wir, wie der frohe Wanderer, der – natürlich langsam – einen Berg erklommen hat, zurück auf den Weg unseres Aufstiegs.

Wir haben erkannt, daß der Mensch Glück und Würde am ehesten erreicht und bewahrt, wenn er die ihm von der Natur gesetzten Grenzen – in diesem Fall die Geschwindigkeitsgrenze – nicht mutwillig überschreitet. Der Mensch, der ja schon neun Monate auf sich warten läßt, bis er überhaupt zur Welt kommt – beim Huhn sind es nur drei Wochen –, ist von Natur aus langsam. Er unterscheidet sich vom Huhn und allen anderen Lebewesen auch dadurch, daß er einen Verstand besitzt. Dadurch ist er befähigt, seine Umwelt nicht nur zur Kenntnis zu nehmen, sondern auch zu beurteilen. Er wird feststellen, daß in der Na-

tur Langsamkeit und Geschwindigkeit nebeneinander bestehen, aber auch beobachten, daß Langsamkeit gut, Geschwindigkeit jedoch böse ist. Er beobachtet ferner, wie die Geschichte nur dann rasch fortschreitet, wenn sie ungemütlich wird, und wie rasche körperliche, geistige oder seelische Bewegung seinem Wohlbefinden abträglich ist.
Das alles erkennt der Mensch.
Und was tut er?
Mit ganz wenigen Ausnahmen zieht er aus diesen Erkenntnissen nicht die Lehre, die sich doch aufdrängt: daß Langsamkeit die höchste aller Tugenden ist. Wohl ahnt er die Weisheit dieser Lehre, doch lebt er ihr nicht nach. Er läßt sich willenlos mitreißen vom Strudel der Betriebsamkeit, läßt sich hetzen und jagen, und wenn er zwischenhinein doch einmal die Wonnen der Langsamkeit und der Ruhe genießt, hat er gar noch ein schlechtes Gewissen. Denn unsere Zeit verherrlicht die Geschwindigkeit über alle Maßen und verurteilt die Langsamkeit. Wer langsam ist, wird verlacht und verspottet.
Unsere Behörden sind nicht unschuldig an diesem unhaltbaren Zustand. Lesen Sie einmal langsam die Bundesverfassung der Schweizerischen Eidgenossenschaft durch und zählen Sie, wie oft das Wort «langsam» darin vorkommt! Sie werden es überhaupt nicht finden. Hochwild und Vögel werden durch die Bundesverfassung ausdrücklich geschützt, ebenso Fabrikarbeiter, wirtschaftlich bedrohte Landesteile, Schlachtvieh, Pressefreiheit und alles mögliche – aber die Langsamkeit, die doch für die in Artikel 2 genannte gemeinsame Wohlfahrt so ungemein wichtig wäre, wird nicht geschützt. Wann endlich bildet sich in unserem Land eine «Partei der Langsamen», die

sich für das Recht des Bürgers auf Langsamkeit einsetzt?
Der hellhörige Leser der Bundesverfassung kann übrigens feststellen, daß deren Schöpfer – sehr wahrscheinlich unbewußt – in mindestens zwei Artikeln ein indirektes Lob der Langsamkeit gesungen haben. Es sind dies die Artikel 15 und 16. Dort fallen drei Ausdrücke auf: «Wenn plötzlich Gefahr droht . . .», «In dringenden Fällen . . .» und «. . . unter sofortiger Anzeige . . .». Diese Ausdrücke, alle das Element der Geschwindigkeit enthaltend, werden im Zusammenhang mit Bedrohung von Ruhe, Ordnung und Unabhängigkeit verwendet. Es ist eindeutig: Unheil und Geschwindigkeit gehören zusammen. Leider haben es die Verfassungsverfasser dann unterlassen, dieser Erscheinung nachzugehen und die logische Folge in ihrem Werk zu verankern. Sonst hätten wir jetzt einen Artikel 2bis: «Die Langsamkeit ist gewährleistet.»
Hier ist ein Appell an den Leser fällig.
Sie haben meine Ausführungen, wie ich annehme, aufmerksam verfolgt. Sie haben anhand von einigen ausgewählten Beispielen erkannt, daß Langsamkeit die höchste aller Tugenden, Geschwindigkeit aber das größte aller Übel ist. Es gäbe noch unzählige weitere Beispiele. Das Erwähnte mag jedoch genügen, Ihnen den Weg zu weiteren, eigenen Beobachtungen und Feststellungen zu weisen, auf daß sich Ihr Glaube an die Langsamkeit festige. Wer sich mit wachen Sinnen umsieht, wird bald einmal die Fähigkeit besitzen, alles Langsame als gut und alles Rasche als schlecht zu deuten. Er muß nur die richtige Einstellung besitzen. Diese kommt nicht von einem Augenblick auf den andern; sie kommt langsam. Verzweifeln Sie also nicht, wenn sich diese einzig

richtige Geisteshaltung nicht schon morgen bei Ihnen einstellt. «Gut Ding will Weile haben», um wieder einmal eine tiefe Weisheit des Volksmundes an den Mann zu bringen. Und: «Übung macht den Meister.»
Sie werden auf Ihrem langen, doch lohnenden Weg zum langsamen Menschen gegen Irrtümer und Zweifel nicht gefeit sein. Zum Beispiel: ist die Geschwindigkeit von Polizei, Feuerwehr und Ambulanz nicht etwas Gutes, oft Lebensrettendes? Nicht wahr, da beginnt man zu schwanken? Oh Ihr Kleingläubigen! Die Geschwindigkeit bei Polizei, Feuerwehr und Ambulanz ist doch nur ein notwendiges Übel, das wir so lange in Kauf nehmen müssen, als sich die Langsamkeit noch nicht überall durchgesetzt hat. Wenn wir dereinst so weit sind, daß alle Menschen langsam denken, fühlen und handeln, wenn auch die Natur keine raschen und damit unheilbringenden Erscheinungsformen mehr annimmt, dann, ja dann wird es weder Verbrechen noch Katastrophen noch Krankheiten noch Unfälle und folglich auch keine Polizei, Feuerwehr und Ambulanz mehr geben.
Wann das sein wird?
Nun, darüber lassen sich begreiflicherweise keine bestimmten Angaben machen. Aus meinen Ausführungen dürfte immerhin hervorgehen, daß wir noch einen weiten Weg vor uns haben und uns, wenn wir überhaupt schon von einer Entwicklung auf die Langsamkeit hin zu sprechen befugt sind, erst in einem Anfangsstadium dieser Entwicklung befinden. Wenn auch zweifellos da und dort viel guter Wille vorhanden ist, so darf man doch auch die zahlreichen Hindernisse, die nicht leicht zu nehmen sein werden, nicht leicht nehmen . . .

Zusammenfassend läßt sich sagen: Ich fürchte, daß wir den erstrebten paradiesischen Zustand des langsamen Lebens voraussichtlich nicht mehr erleben werden.
Denn alles Gute kommt langsam.

Wer dem Autor Guido Schmezer (Ueli der Schreiber) — dem Sänger Berns — weiter zuhören möchte, findet Humorvolles und Besinnliches in weiteren Publikationen. Es seien hier nur aufgezählt:

Ueli der Schreiber, Ein Berner namens . . .
Bände 1—3 und
Bern für Anfänger.

Wer mehr über bernische Wesensart wissen möchte, findet innerhalb der Reihe der BERNER HEIMATBÜCHER (über 100 Bändchen) viel Interessantes über Land und Leute aller Landesteile aus Vergangenheit und Gegenwart.